KB188776

부정선거 백문백답

(不正選擧 百聞百答)

2025

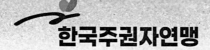
한국주권자연맹

추 천 사

「헌법 제1조 대한민국은 민주공화국이다.」

윤석열 대통령의 12.3 비상계엄으로 인해 그동안 성역처럼 감춰져 있던 중앙선거관리위원회의 온갖 부정과 비리가 낱낱이 밝혀지며 국민적 충격을 더해주고 있다. 또한 대한민국의 자유민주주의 체제를 위협하는 중국과 북한을 추종하는 반국가 세력들의 실체가 국민들에게 더욱 명확히 드러난 이 시점에, 한국주권자연맹 공정선거지원단 윤정화 단장이 부정선거 백문백답을 출간한 것은 매우 시의적절하며 중요한 의미를 지닌다.

민주주의의 꽃이라 불리는 선거가 부정한 세력들에 의해 훼손되고 오염되며, 정권을 탈취하기 위한 수단으로 악용되고 있는 현실을 우리는 직시해야 한다. 지난 23년간 부정선거 관련 소송과 투쟁을 이어오면서 부정선거의 심각성을 알리고자 노력해 온 차에, 윤석열 대통령의 12.3 계엄을 통해 계몽된 2030 MZ세대들과의 만남을 바탕으로 국민 주권 의식을 함양하고, 올바른 주권 행사를 지키기 위해 결성된 한국주권자연맹과의 협력은 더욱 의미가 깊다.

대한민국이 자유민주주의 국가로 굳건히 서고, 나아가 세계를 선도하는 선진국으로 도약하는 길에 이 책이 소중한 주춧돌이 되기를 바란다. 부정선거 백문백답을 통해 국민들이 더욱 명확하게 적법 절차의 원칙의 중요성을 깨닫고, 부정선거의 각 유형별로 관련 헌법과 공직선거법, 형법의 위반 여부를 매우 구체적으로 적시하여, 선거를 통한 주권 행사가 올바르게 이루어질 수 있도록 기여하기를 소망한다.

첫 출간을 진심으로 축하하며, 이 책이 자유민주주의 국가의 토대를 더욱 굳건히 세우는 데 큰 역할을 하기를 기대한다. 미래세대가 국민주권 의식을 확고히 가지고 부정부패를 용납하지 않으며, 준법정신과 법치주의가 바로 선 사회에서 개인의 창의성이 존중되고 자유가 보장되는 대한민국에서 살아가기를 바라며 이 책을 추천한다.

한성천
전 중앙선거관리위원회 노조위원장

『부정선거 백문백답』 집필 동기

선거는 자유민주주의의 핵심이자 국민의 주권을 실현하는 가장 중요한 제도입니다. 그러나 만약 선거가 부정선거로 인해 왜곡된다면, 대한민국의 근본적인 민주주의 질서가 무너질 위험에 처하게 됩니다. 이러한 위기의식을 바탕으로, **『부정선거 백문백답』**은 대한민국의 자유민주주의를 수호하고 선거의 공정성을 확보해야 한다는 사명감을 모아 집필하게 되었습니다.

한성천 전 중앙선거관리위원회 노조위원장은 2002년부터 부정선거의 증거를 발견하고 23년 동안 이를 규명하기 위해 끊임없는 투쟁을 이어왔습니다.

윤정화는 2024년 윤석열 대통령이 비상계엄을 통해 부정선거에 대한 의혹을 검증하고 반국가세력의 척결이 필요하다는 국가위기상황을 국민들에게 알리려 했다는 점을 깨닫고 계몽되었습니다.

두 사람은 2025년 1월 20일 윤석열 대통령을 지키기 위한 부정선거 연구모임에서 처음 만나, 부정선거 문제의 심각성을 국민들에게 알리고 자유민주주의 대한민국의 근간을 지키기 위해 꾸준히 활동해 왔습니다. 이 과정에서 선거의 공정성을 위협하는 부정선거의 다양한 사례를 분석하고, 헌법과 공직선거법에 근거한 적법절차 원칙에 따라 유형별로 정리하는 작업을 수행하였습니다.

이 책은 단순한 기록이 아니라, **반국가세력이 부정선거를 통해 대한민국을 장악하려 한다는 사실을 깨닫게 된 국민들에게 올바른 국민주권 의식을 심어주고, 대한민국의 주권을 지켜내기 위한 실천적 지침**이 되기를 바랍니다. 10대 청소년부터 90대 어르신까지, 모든 연령대의 국민들이 주권의 의미를 분명히 이해하고, 이를 적극적으로 행사할 수 있도록 돕는 것이 본 책의 가장 중요한 목적입니다.

또한, 본 책자는 향후 **한국주권자연맹**과 협력하여 **국민주권 계몽 교육**을 추진하는 데 활용될 것입니다. 이를 통해 국민들이 부정선거의 실태를 정확히 이해하고, 자유민주주의를 수호할 수 있도록 교육하고자 합니다. 나아가 대한민국이 올바르게 운영되기 위해서는, 선거의 공정성을 위협하는 요소들을 철저히 개혁해야 합니다. 이에 따라 다음과 같은 정책적 대안을 제안합니다.

1. **부정부패와 비리로 신뢰를 잃은 중앙선거관리위원회의 해체 또는 대대적인 개혁**
   ◦ 선거의 공정성을 확보하고 국민 신뢰를 회복하기 위해 선

관위의 조직과 운영 체계를 전면적으로 개편해야 합니다.

2. 전자개표기 사용 중단 및 완전 수개표 도입

○ 북한과 중국의 해킹을 통한 선거 개입 및 조작 가능성을 원천적으로 차단하기 위해, 모든 선거를 수개표 방식으로 진행해야 합니다.

3. 사전투표제 전면 철폐

○ 사전투표제는 부정선거 논란을 증폭시키는 주요 원인이므로, 투표 당일 현장투표 원칙을 철저히 준수해야 합니다.

책 *『부정선거 백문백답』*은 단순한 주장이나 의혹 제기에 그치는 것이 아니라, **부정선거와 관련된 유형들을 적법절차의 원칙에 근거하여 독자들이 논리적이고 객관적인 시각에서 문제를 이해할 수 있도록 구성하였습니다.** 독자들이 본 책을 읽는 동안 다양한 질문을 스스로 던지고 답을 찾아가며, 대한민국의 자유민주주의를 지키기 위한 실천적 행동을 고민할 수 있기를 바랍니다.

미래 세대인 청소년들이 본 책을 통해 **확고한 자유민주주의의 가치와 정신을 계승**하고, 대한민국의 국민으로서 주권 의식을 잃지 않도록 하는 것이 우리의 바람입니다. 국민이 주인으로서 철저한 감시와 감사를 수행해야 하며, 모든 공직자들이 적법절차에 따라 공직을 수행하도록 요구해야 합니다.

이 책은 단순한 정보 전달을 넘어, **국민의 권리와 주권을 올바로 행사하는 법을 배우고, 스스로 자유민주주의 대한민국을 지켜낼 수 있도록 하는 실천적 지침서**로서 자리 잡기를 희망합니다. 대한민국이 부정선거 없는 투명한 나라로 나아가는 길에 작은 밑거름이 되기를 바랍니다.

감사합니다.

윤 정 화 (한국주권자연맹 / 공정선거지원단 단장)

* 본 책자에 수록된 사진들은 수년간 부정선거를 규명하기 위해 노력해오신 전국의 부정선거 부패방지대(부방대) 회원님들이 촬영하신 사진들을 활용한 것입니다. 대한민국의 선거정의를 위해 애써주신 모든 분들께 다시 한번 감사 드립니다.

목 차

부정선거 백문백답

1. 적법절차의 원칙이란?

적법절차의 원칙은 헌법상 보장된 기본권으로, 모든 법적 절차는 공정하고 투명해야 하며, 국민의 권리를 침해하지 않도록 엄격한 기준을 따라야 한다. 선거 과정 또한 이에 해당하며, 모든 유권자의 투표권은 동등한 보호를 받아야 한다. 부정선거가 발생할 경우, 이는 헌법상 평등권과 국민주권을 침해하는 중대한 범죄에 해당한다.

1-1. 선거에서 적법절차의 원칙이 중요한 이유

적법절차(Due Process) 원칙은 국민의 기본권을 보호하고 법적 안정성을 유지하기 위해 헌법에서 보장하는 원칙으로, 선거 과정에서도 반드시 준수되어야 한다. 적법절차 원칙이 선거에서 중요한 이유는 다음과 같다

1. 국민주권 원칙 보호

> 대한민국 헌법 제1조 2항은 "대한민국의 주권은 국민에게 있고, 모든 권력은 국민으로부터 나온다."라고 명시하고 있다. 선거는 국민이 직접 주권을 행사하는 과정이며, 적법절차가 지켜지지 않으면 국민의 주권이 왜곡될 수 있다.

2. 공정성과 신뢰 확보

선거가 공정하게 관리되지 않으면 국민의 신뢰를 잃게 되고, 이는 민주주의의 근간을 흔들 수 있다. 모든 선거 과정이 법적으로 정당하게 진행될 때, 국민은 선거 결과를 신뢰하고 그에 따라 정부를 정당한 권력으로 인정할 수 있다.

3. 평등한 투표권 보장

헌법 제11조의 평등권 원칙과 제24조의 선거권 보장에 따라, 모든 유권자는 공정하고 동등한 투표권을 가져야 한다. 부정선거가 발생하면 특정 후보나 집단에게 유리한 결과를 조작할 수 있으며, 이는 헌법상 평등권을 침해하는 행위이다.

4. 법적 안정성과 정당성 유지

법에 따른 절차를 지키지 않으면 선거 무효 소송, 정치적 혼란, 사회적 갈등을 초래할 수 있다. 이를 방지하기 위해 모든 선거 절차는 법적으로 명확하게 규정되고, 그 절차를 반드시 따라야 한다

1-2. 선거관리위원회가 적법절차를 지키지 않을 경우 발생하는 법적 문제

선거관리위원회(이하 선관위)는 헌법에 따라 선거를 공정하게 관리해야 할 의무가 있지만, 만약 이를 준수하지 않으면 심각한 법적 문제가 발생할 수 있다.

1) 헌법 위반

- 헌법 제37조 제2항에 따르면, 국민의 기본권을 제한하는 경우에도 법률에 근거해야 하며, 본질적인 내용을 침해해서는 안된다.
- 선관위가 적법절차를 위반하여 선거를 공정하게 관리하지 않는다면 국민의 기본권(선거권, 공무담임권, 평등권)을 침해하는 것이므로 헌법소원이 제기될 수 있다.

2) 공직선거법 위반

- **공직선거법 제218조(선거관리위원회의 직무와 권한)**에 따라 선관위는 선거 과정 전반을 공정하게 관리해야 한다.
- **공직선거법 제230조(부정선거에 대한 처벌 조항)**
  - 선거에서 부정행위를 저지른 경우 5년 이하의 징역 또는 3천만 원 이하의 벌금형에 처할 수 있다.
  - 만약 선관위가 특정 후보에게 유리하거나 불리하게 선거를 운영하면 직권남용죄에 해당할 수도 있다.

3) 직무유기 및 직권남용죄

- **형법 제122조(직무유기죄):**
  - 공무원이 법령상 의무를 다하지 않을 경우, 1년 이하의 징역 또는 금고, 3년 이하의 자격정지 처벌을 받을 수 있다.
  - 선관위가 선거부정 신고를 묵살하거나, 부정행위를 알고도 조치를 취하지 않으면 직무유기에 해당한다.

- **형법 제123조(직권남용죄):**
  - 공무원이 직권을 남용하여 타인에게 해를 끼치거나 부당한 이익을 주는 경우, 5년 이하의 징역 또는 10년 이하의 자격정지형을 받을 수 있다.
  - 선관위가 특정 후보에게 유리하도록 투표 용지를 조작하거나, 개표 과정에서 불법적인 조작을 했다면 직권남용죄가 적용될 수 있다.

4) 선거 무효 소송

- **공직선거법 제222조(선거소송)**에 따라, 선거가 불공정하게 진행되었을 경우 선거 무효 소송을 제기할 수 있다.
- 선거 무효 소송이 받아들여지면 해당 선거는 무효가 되며, 다시 선거를 치러야 한다.

5) 손해배상 청구

- 헌법과 법률에 따라 공정한 선거를 기대했던 국민과 후보자가 불법적인 선거 절차로 인해 피해를 입었을 경우, 국가배상법에 따라 손해배상을 청구할 수도 있다.

1-3. 결론

선거에서 적법절차의 원칙을 지키지 않는 것은 국민주권을 부정하고 헌법을 위반하는 중대한 범죄 행위이다.

선관위가 이를 어길 경우:

- 헌법소원 제기 가능
- 공직선거법 및 형법 위반으로 형사 처벌 가능
- 선거 무효 소송 발생
- 국가배상책임 발생

즉, 선관위는 절대적으로 중립적이고 공정하게 운영되어야 하며, 모든 절차를 철저히 법에 따라 진행해야 한다.

2. 헌법과 공직선거법 요약

- **헌법 제1조**: 대한민국은 민주공화국이며, 주권은 국민에게 있고, 모든 권력은 국민으로부터 나온다.

- **헌법 제11조**: 모든 국민은 법 앞에 평등하며, 선거 과정에서도 동등한 대우를 받아야 한다.

- **공직선거법 제148조(사전투표소 설치)**: 사전투표소의 설치 및 운영에 관한 사항을 규정하나, 투표용지 발급기 보안 규정이 미비함.

- **공직선거법 제158조(사전투표)**: 사전투표자의 신원 확인, 투표지 발급, 투표 절차를 규정하나, 보안 문제인 해킹 문제, 투표참관 원칙 위반이 제기됨.

- **공직선거법 제178조(개표의 진행)** : 개표의 공정성과 정확성을 보장해야 하나, 전자개표기의 불투명한 운영으로 논란 발생.

- **공직선거법 제181조(개표참관)**: 개표 과정의 참관을 보장하나, 개표반 수보다 적은 참관인 배치로 개표참관원칙과 개표참관인이 확인하에 하지 않았던 개표장 운영 위반.

2-1. 헌법과 공직선거법 요약 및 보완 설명

1) 헌법 관련 조항

헌법 제1조 (국민주권 원칙)

- 대한민국은 민주공화국이다. (제1항)
- 대한민국의 주권은 국민에게 있고, 모든 권력은 국민으로부터 나온다. (제2항)

❖ **설명**

헌법 제1조는 대한민국이 민주주의 국가임을 명확히 규정하고 있으며, 국민이 국가의 주권자임을 선언하고 있다.
선거는 국민이 직접 주권을 행사하는 과정으로, 선거의 공정성과 투명성이 훼손될 경우 국민주권이 침해된다.

❖ **적용**

부정선거 또는 불공정한 선거 절차가 발생하면 이는 국민주권을 침해하는 것이므로 선거 무효 소송 또는 국가배상 청구가 가능하며, 선거관리위원회의 직무유기 및 직권남용 책임이 문제될 수 있다.

헌법 제11조 (법 앞의 평등 원칙)

- 모든 국민은 법 앞에 평등하다. 누구든지 성별, 종교 또는 사회적 신분에 의해 차별받지 않는다. (제1항)
- 선거 과정에서도 모든 유권자는 평등한 투표권을 보장받아야 한다.

❖ 설명

헌법은 모든 국민이 법 앞에 평등하다고 명시하고 있으며, 이는 선거에서도 동일하게 적용된다.

선거에서 특정 후보나 정당에게 유리한 제도적 장치가 마련되거나, 일부 유권자의 투표권이 침해된다면 이는 평등권을 위반하는 행위이다.

❖ 적용

- 선거 과정에서 특정 정당이나 후보를 유리하게 만드는 조작이 발생하면 평등권 침해로 헌법소원 및 선거 무효 소송이 가능하다.
- 예를 들어, 개표 절차에서 특정 후보의 표가 의도적으로 무효 처리되거나, 사전투표 시스템이 특정 정당에게 유리하도록 조작된다면 이는 평등권 위반에 해당한다.

2) 공직선거법 관련 조항

공직선거법 제148조 (사전투표소 설치)

- 사전투표소의 설치 및 운영에 관한 사항을 규정하고 있음.
- 하지만 **투표용지 발급기** 등에 대한 보안 규정이 미비함.
- 선거관리위원회가 사전투표소 운영 방식에 대한 세부적인 지침을 자의적으로 결정할 수 있어, **선거 투명성이 저하될 가능성**이 있음.

❖ **문제점**

- **투표용지 발급기 보안 취약** : 해커에 의해 조작 가능성 우려(국정원에서 확인한 바 있음).
- **사전투표함 보관 문제** : 사전투표함이 별도로 보관되는 과정에서 투표함 바꿔치기 등의 부정선거 가능성이 제기됨.

❖ **적용**

- 사전투표소 운영이 투명하지 않다면 공직선거법 위반으로 선거 **무효 소송** 및 **형사처벌** 가능.
- 보안 취약성을 개선하기 위해 법 개정이 필요함.

공직선거법 제158조 (사전투표)

- 사전투표자는 본인 확인 후 투표용지를 받아 기표하고 사전투표함에 넣어야 함.

- **투표용지 발급, 투표 절차를 규정**하고 있지만, 투표참관 원칙 위반과 **해킹으로 인해 부정선거 가능성**이 지속적으로 제기됨.

❖ 문제점
- **본인 확인 절차 미흡** : 신분증 확인 절차가 허술해 대리투표 및 중복투표 가능성이 있음.
- **사전투표용지 관리 문제** : 사전투표 후 투표지가 개표일까지 별도 보관되면서 조작 가능성이 있음.
- **전자 개표 방식의 신뢰성 부족** : 개표 전 사전투표함 관리 등이 명확하게 통제되지 않아 논란이 지속됨.

❖ 적용
- 선관위가 부실하게 운영하면 선거 무효 소송 및 형사 고발 가능.
- 전자투표 및 개표 방식을 개선해야 하며, 사전투표용지에 대한 보안 강화 필요.

공직선거법 제178조 (개표의 진행)
- 개표의 공정성과 정확성을 보장해야 하며, 개표 절차는 철저한 감시 하에 이루어져야 함.
- 그러나 전자개표기의 운영절차 위반으로 인해 **선거부정이 23년 동안 지속적으로 발생됨.**

❖ 문제점

- **전자개표기 불투명성** : 개표기 소프트웨어 소스프래그램 보안이 검증되지 않아 조작 가능성이 제기됨.
- **개표 과정에서 반드시 해야 하는 수작업 개표가 23년동안 누락 위반한 사실 확인.**

❖ 적용

- 개표 과정이 공정하지 않다면 선거 무효 소송이 가능.
- 전자개표기의 공개 검증 및 투명성 확보 조치 필요.

공직선거법 제181조 (개표참관)

- 개표 과정에서 각 정당 및 후보 측에서 참관인을 배치할 수 있음.
- 그러나 **개표반 수보다 적은 참관인이 배치되고 있으며 23년 동안 개표장 운영 및 개표참관원칙을 위반함.**

❖ 문제점

- **참관인의 숫자가 부족함** : 개표반마다 참관인을 배치해야 하지만, 일부 개표소에서는 인력 부족을 이유로 참관인을 배치 불능한 경우가 23년 동안 발생함.
- **개표 참관인의 권한 제한** : 개표참관인들이 개표 과정을 자세히 확인하게 개표장 운영을 23년 동안 못했음.

❖ 적용

- 개표 참관이 충분히 이루어지지 않으면 선거 공정성이 위반되며, 이는 선거 무효 사유가 될 수 있음.
- 참관인 수를 확대하고 개표 과정을 실시간으로 기록하는 시스템을 도입해야 함.

3) 결론

- 헌법은 국민주권과 법 앞의 평등을 보장하며, 선거는 이에 따라 공정하게 이루어져야 함.
- 공직선거법에는 사전투표, 개표, 참관 등의 규정이 있으나 **보안 취약성과 적법절차 원칙 위반으로 인해 선거부정이 자동으로 발생함.**
- 선관위가 이를 위반하여 헌법소원, 선거 무효 소송, 형사처벌 등의 법적 문제가 발생함.
- 선거제도의 개선이 필요하며, 특히 **사전투표 보안 강화, 전자개표기와 수작업 개표의 관계에서 수작업 개표를 하고 전자개표기를 사용하면 공직선거법 취지에 맞으며, 개표참관인 수 증원 조치**가 요구됨.

3. 부정선거 유형 및 카테고리

1) 전자개표기 조작 가능성
전산조직을 이용한 해킹 및 조작 증거가 존재함

2) 사전투표 조작 및 부실 관리
신분증 확인 절차 및 사전투표 관리 미흡, 해킹 가능성 증가
와 관내 사전투표 보관의 의혹 존재함

3) 유령 유권자 등록 및 대리 투표
특히 사전투표에서 전산명부에 해킹으로 가짜 유권자 등록
을 통한 부정투표가 가능함

4) 선거인 명부 조작 및 관리 부실
명부 관리 소홀로 선거 조작 가능성 증대

5) 부정투표지 논란
투표용지의 인쇄, 배부, 투표, 개표과정에서 조작 가능성과
사전투표 및 우편투표 과정에서 투표용지 위조 및 바꿔치기
가능성

6) 선거관리위원회의 공정성 문제
중앙선관위의 불투명한 운영 및 선거 과정 개입 및 부작위 위반

7) 언론과 여론 조작을 통한 간접적 개입
미디어를 이용한 간접적으로 선거 결과 왜곡

[부정선거 유형 및 카테고리]

1) 전자개표기 조작 가능성

전자개표기사진

❖ **설명:**

- 전자개표기는 신속한 개표를 위해 도입되었지만, 수작업 개표 누락으로 프로그램 조작이나 해킹을 열어주어 선거부정이 23년 동안 있었으며 개표 결과 조작이 있었다.
- 투표 데이터가 서버로 전송되는 과정에서 해킹이 발생할 가능성이 있으며, 개표 소프트웨어가 특정 후보에게 유리하도록 조작될 위험도 있다.

❖ 실제 사례:

◢ 미국 2020년 대선 '도미니언(Dominion) 개표기 논란'

- 일부에서는 개표기가 바이러스에 감염되거나, 소프트웨어 조작으로 특정 후보 표를 변환할 수 있다는 의혹이 제기되었다.
- 개표기 연결망이 외부 인터넷에 노출될 가능성이 있다는 주장이 나왔지만, 공식적으로는 해킹이 없었다고 발표됨.

◢ 베네수엘라 2017년 개표기 조작 논란

- 개표기 제조업체인 *스마트매틱(Smartmatic)*이 직접 "약 100만 표가 조작되었다"고 발표하여 논란이 커졌다.

❖ 적법절차 위반 요소

- **투명성 원칙 위반** : 전자개표기의 보안이 검증되지 않거나 조작이 가능하다면 투표의 신뢰성을 보장할 수 없다.
- **검증권 침해** : 개표 과정이 유권자와 참관인에게 충분히 공개되지 않으면 선거 결과를 검증할 권리가 침해된다.
- **법적 절차의 미이행** : 선거법상 개표 과정은 공정하고 검증 가능해야 하지만, 전자개표기 해킹(예: 옥천·부여 개표기 오류) 발생 시 이에 대한 책임 있는 대응이 없으면 적법절차를 위반한 것이 된다.

전자개표기 조작 가능성과 헌법 위반 여부

1. 헌법 제1조 위반 (국민주권 원칙 위반)

헌법 제1조

① 대한민국은 민주공화국이다.

② 대한민국의 주권은 국민에게 있고, 모든 권력은 국민으로부터 나온다.

위반 내용

- 국민이 행사한 선거권이 전자개표기 조작으로 왜곡될 경우, 이는 국민이 부여한 정치적 권력이 변질되는 것이므로 **주권이 왜곡**되는 것이다.
- 전자개표기의 조작으로 국민이 선택하지 않은 후보가 당선될 경우, 이는 헌법이 보장하는 **국민주권의 본질적 침해**이다.
- 민주공화국의 핵심 원칙은 **국민이 대표를 직접 선출하는 것**이므로, 전자개표기 조작은 민주공화국의 기본 질서를 정면으로 위배하는 것이다.

2. 헌법 제7조 위반 (공무원의 정치적 중립 및 성실 의무 위반)

헌법 제7조

① 공무원은 국민 전체에 대한 봉사자이며, 국민에 대하여 책임을 진다.

② 공무원의 신분과 정치적 중립성은 법률이 정하는 바에 의하여 보장된다.

위반 내용

- **선거관리위원회가 전자개표기 조작을 묵인하거나 조작에 가담하는 경우**, 이는 **공무원의 성실 의무 및 정치적 중립 의무를 정면으로 위반**하는 것이다.
- **전자개표기의 불투명한 운영 및 조작 가능성을 방치하는 행위**는 선거관리위원회의 중립성을 위협하는 것이므로 **헌법 제7조에 위배된다.**
- 공무원(선관위 직원)이 전자개표기 조작을 통해 특정 후보나 정당을 당선시키려는 의도를 가지고 개입할 경우, 이는 **공직자의 직무유기 및 직권남용**에 해당한다.

---

3. 헌법 제41조 위반 (국회의원 선거의 자유 및 공정성 침해)

헌법 제41조

① 국회는 국민의 보통·평등·직접·비밀선거에 의하여 선출된 국회의원으로 구성한다.

위반 내용

- **전자개표기 조작이 발생할 경우, 선거의 "보통·평등·직접·비밀" 원칙이 심각하게 훼손된다.**
  - **보통선거 원칙 위반**: 특정 후보에게 유리하게 조작되거나, 특정 지역의 표가 사라지는 경우, 모든 국민이 동등한 선거권을 행사하는 원칙이 무너진다.

- **평등선거 원칙 위반**: 전자개표기 조작으로 특정 후보가 유리한 결과를 얻는다면, 국민 한 사람 한 사람의 투표권이 동등하지 않게 된다.
- **직접선거 원칙 위반**: 국민이 직접 투표한 결과가 전자개표기 조작으로 변경될 경우, 국민이 선출한 것이 아니라 조작된 기계가 선출한 것이 된다.
- **비밀선거 원칙 위반**: 전자개표기의 해킹 및 조작 가능성으로 인해 유권자의 투표가 조작될 수 있다면, 이는 선거의 기밀성을 보장하지 않는 것이므로 위헌이다.

4. 헌법 제67조 위반 (대통령 선거의 공정성 훼손)

헌법 제67조

① 대통령은 국민의 보통·평등·직접·비밀선거에 의하여 선출한다.

위반 내용

- 대통령 선거에서 전자개표기가 조작될 경우, 헌법 제67조가 규정한 **"보통·평등·직접·비밀선거"** 원칙을 **정면으로 위반**하는 것이다.
- 전자개표기 조작으로 특정 후보가 당선될 경우, 국민이 직접 선출한 것이 아니므로, 이는 민주적 정당성이 결여된 결과를 초래한다.
- 전자개표기 해킹 또는 조작으로 인해 국민이 행사한 표가 왜곡된다면, 이는 선거의 **근본적인 공정성을 침해하는 행위**이다.

5. 공직선거법 위반 여부

전자개표기의 조작 가능성은 공직선거법에서도 명확하게 불법으로 규정하고 있다.

① 공직선거법 제178조(개표의 진행) 위반

- 개표는 **공정하게 이루어져야 하며,** 개표 조작 및 허위 결과 발표는 금지된다.
- 전자개표기의 조작이 발견될 경우, 이는 **개표의 공정성을 훼손하는 행위**로 간주된다.

② 공직선거법 제243조(전자개표기 조작 금지) 위반

- 전자개표기의 조작을 통한 개표 조작은 **중대한 선거법 위반**이다.
- 개표의 공정성을 보장하기 위해, 전자개표기는 신뢰할 수 있는 방식으로 운영되어야 하며, 조작될 가능성이 없어야 한다.

③ 공직선거법 제244조(선거부정죄) 위반

- 전자개표기를 이용한 개표 조작은 **형사처벌 대상**이 된다.
- 선거 부정을 행한 자는 10년 이하의 징역 또는 5천만 원 이하의 벌금에 처한다.

---

6. 결론 : 전자개표기 조작은 헌법 및 공직선거법을 정면으로 위반하는 행위

전자개표기의 조작 가능성은 헌법과 공직선거법에서 보장하는 **공정하고 투명한 선거 원칙을 심각하게 위배하는 행위**이다.

- **헌법 제1조(국민주권 원칙) 위반**: 전자개표기 조작으로 국민의 선거권이 왜곡되면, 이는 민주공화국의 근간을 흔드는 행위이다.
- **헌법 제7조(공무원의 정치적 중립 의무) 위반**: 선관위나 공무원이 전자개표기 조작에 개입하거나 묵인하면, 이는 직무유기 및 직권남용에 해당한다.
- **헌법 제41조(국회의원 선거의 공정성) 위반**: 국회의원을 선출하는 선거에서 전자개표기가 조작될 경우, 선거의 기본 원칙이 무너진다.
- **헌법 제67조(대통령 선거의 공정성) 위반**: 대통령 선거에서 조작이 발생하면, 국민이 직접 선출한 것이 아니므로 위헌이다.
- **공직선거법 제178조, 제243조, 제244조 위반**: 전자개표기 조작은 불법적인 선거 개입 행위이며, 선거부정죄에 해당하여 형사처벌 대상이다.

따라서, 전자개표기의 조작 가능성을 완전히 배제할 수 없는 상황에서, 현 개표장에서 전자개표기를 사용하고 수작업 개표를 하는데 수작업 개표가 사실상 누락 시켜 왔다. 그 순서를 바꾸면 공직선거법에 부합하는 개표가 될 것이다.

전자개표기(투표지분류기+운용프로그램)

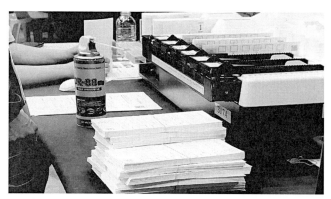

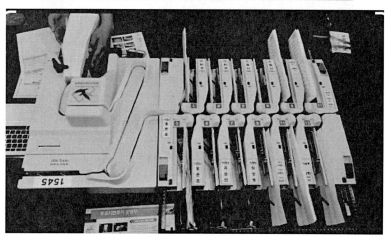

2) 사전투표 조작 및 부실 관리

❖ 설명

- 사전투표는 본투표와 달리 별도의 투표소에서 진행되며, 사전투표 관내의 경우 투표용지가 해당 선관위에 보관된다.
- 투표함 보관 과정에서 조작 가능성이 있으며, 신분 확인 절차가 허술할 경우 대리투표 또는 중복투표가 발생할 가능성이 있다. 가짜 신분증을 사용을 막을 수가 없다.

❖ 실제 사례

◢ 대한민국 2020년 총선 사전투표 논란

- 특정 지역에서 사전투표와 본투표 간 득표율 차이가 비정상적으로 높게 나타나 논란이 발생.
- 사전투표용지 해킹으로 인해 투표 조작 가능성이 제기됨.

◢ 미국 2020년 대선 우편투표 문제

- 사전투표를 우편으로 진행하면서 대량의 표가 유실되거나, 사망자 명의로 투표가 이루어지는 등의 문제가 발생.
- 일부 주에서는 투표용지가 개표일까지 도착하지 않아 무효 처리됨.
-

❖ 적법절차 위반 요소

- **뚜껑이 열린 채 개표소로 들어온 투표함** : 투표함 봉인 절

차가 준수되지 않으면, 개표 전에 투표지 조작이 가능하므로 무효 처분된다.

- **4년 전 사전투표지 출현** : 이전 선거에서 사용된 투표지가 발견되는 것은 투표 용지 관리가 부실하며, 부정선거의 가능성을 시사한다.
- **규격과 다른 사전투표지 발견** : 공식적인 투표용지와 다른 형태의 용지가 발견되면, 조작 가능성이 크며 이는 불법적인 투표용지 사용을 의미한다.

사전투표 조작 및 부실 관리의 헌법 위반 여부

사전투표 조작 및 부실 관리는 헌법이 보장하는 **국민주권 원칙, 자유롭고 공정한 선거, 공무원의 정치적 중립성, 선거의 직접·평등·비밀 원칙** 등을 심각하게 훼손하는 위헌적 행위이다. 특히, 사전투표의 부정이 발생할 경우, 선거의 신뢰성을 붕괴시키고 민주주의의 근간을 뒤흔드는 문제가 된다.

---

1. 헌법 제1조 위반 (국민주권 원칙 위반)

헌법 제1조

① 대한민국은 민주공화국이다.
② 대한민국의 주권은 국민에게 있고, 모든 권력은 국민으로부터 나온다.

위반 내용

- 국민이 행사한 선거권이 **사전투표 조작 및 부실 관리로 인해 왜곡될 경우**, 이는 국민이 부여한 정치적 권력이 변질되는 것이므로 **주권이 왜곡되는 행위**이다.
- 특정 후보에게 유리하게 **사전투표 결과가 조작되거나, 유령 유권자가 투표하는 등의 행위**는 국민의 주권을 침해하는 행위이다.
- 사전투표 시스템이 조작 가능성이 높은 상태로 운영되면, 이는 민주공화국의 원칙을 훼손하는 것으로 **헌법 제1조를 위반하는 행위**이다.

2. 헌법 제7조 위반 (공무원의 정치적 중립 및 성실 의무 위반)

헌법 제7조

① 공무원은 국민 전체에 대한 봉사자이며, 국민에 대하여 책임을 진다.
② 공무원의 신분과 정치적 중립성은 법률이 정하는 바에 의하여 보장된다.

위반 내용

- 선거관리위원회가 **사전투표 과정에서 공정성을 보장하지 못하거나, 특정 정당·후보에게 유리한 방식으로 개입하는 경우,** 이는 공무원의 정치적 중립성을 위반하는 것이다.
- 선거철마다 선관위 직원들이 조직적으로 **휴가를 가거나, 투표 관리 의무를 소홀히 하는 행위**는 직무유기이며, 이

는 헌법 제7조를 위반하는 것이다.

- 사전투표지 보관 부실(뚜껑이 열린 채 개표소로 반입된 투표함, 4년 전 사전투표지 발견, 규격과 다른 투표지 발견 등)은 **공무원의 성실 의무를 저버리는 행위**이며, 이는 직무유기 및 선거 관리 의무 위반에 해당한다.

---

3. 헌법 제41조 위반 (국회의원 선거의 자유 및 공정성 침해)

헌법 제41조

① 국회는 국민의 보통·평등·직접·비밀선거에 의하여 선출된 국회의원으로 구성한다.

위반 내용

- 사전투표 조작 및 부실 관리가 발생하면, 헌법이 보장하는 **"보통·평등·직접·비밀선거" 원칙이 심각하게 훼손된다.**
  ◦ **보통선거 원칙 위반** : 특정 정당·후보에게 유리하게 조작된 사전투표지는 모든 국민이 평등한 선거권을 행사하는 보통선거 원칙을 위반하는 것이다.
  ◦ **평등선거 원칙 위반** : 특정 지역에서 조작된 사전투표가 실제 개표 결과에 반영될 경우, 국민 한 사람 한 사람의 투표권이 동등하지 않게 된다.
  ◦ **직접선거 원칙 위반** : 국민이 직접 투표한 결과가 조작된 경우, 이는 국민이 선출한 것이 아니라 조작된 시스템이 선출

한 것이므로 직접선거 원칙을 위반하는 것이다.

- ◦ **비밀선거 원칙 위반** : 사전투표지의 보관이 부실하거나, 외부에서 조작된 투표지가 개표 과정에서 사용될 경우, 이는 비밀선거 원칙을 훼손하는 것이다.

4. 헌법 제67조 위반 (대통령 선거의 공정성 훼손)

헌법 제67조

① 대통령은 국민의 보통·평등·직접·비밀선거에 의하여 선출한다.

위반 내용

- 대통령 선거에서 사전투표 조작이 발생하면, 이는 헌법 제67조가 보장하는 **"보통·평등·직접·비밀선거" 원칙을 정면으로 위반하는 행위**이다.
- 특정 정당이나 후보가 **사전투표 조작을 통해 당선될 경우**, 이는 국민이 직접 선출한 것이 아니므로 민주적 정당성이 결여된 결과가 된다.
- **사전투표 과정에서의 부정 행위(유령 유권자 투표, 특정 정당·후보에게 유리한 개표 조작, 투표지 위조 등)**는 국민의 참정권을 직접적으로 침해하는 행위이다.

5. 공직선거법 위반 여부

사전투표 조작 및 부실 관리는 **공직선거법에서도 명확하게 불법으**

로 **규정**하고 있다.

① 공직선거법 제158조(사전투표) 위반

- 사전투표소에서 투표지가 안전하게 관리되어야 하며, **부실 관리 및 조작은 선거법 위반**이다.
- 투표함이 **봉인되지 않은 채 개표소로 이동된 사례, 4년 전 사전 투표지가 개표소에서 발견된 사례, 규격과 다른 사전투표지가 개표 과정에서 발견된 사례** 등은 모두 공직선거법 위반이다.

② 공직선거법 제243조(투표지 위·변조 금지) 위반

- 사전투표지가 **위조·변조되거나, 기존에 인쇄된 투표지가 사전 투표 용지로 사용된 경우,** 이는 명백한 선거법 위반이다.

③ 공직선거법 제244조(선거부정죄) 위반

- 사전투표 조작을 통해 특정 후보에게 유리한 결과를 만들어낼 경우, 이는 **형사처벌 대상**이 된다.
- 선거 부정을 행한 자는 **10년 이하의 징역 또는 5천만 원 이하의 벌금에 처한다.**

---

6. 결론 : 사전투표 조작 및 부실 관리는 헌법과 공직선거법을 정면으로 위반하는 행위

사전투표 조작 및 부실 관리는 헌법과 공직선거법에서 보장하는 **공정하고 투명한 선거 원칙을 심각하게 위배하는 행위**이다.

- **헌법 제1조(국민주권 원칙) 위반**: 조작된 선거는 국민이 직접 뽑은 것이 아니므로, 이는 민주공화국 원칙을 위반하는 행위이다.

- **헌법 제7조(공무원의 정치적 중립 의무) 위반**: 선관위가 특정 후보에게 유리한 방식으로 선거를 관리하면 이는 위헌적 직권 남용 및 직무유기이다.
- **헌법 제41조(국회의원 선거의 공정성) 위반**: 사전투표 조작은 선거의 기본 원칙을 무너뜨리는 행위이다.
- **헌법 제67조(대통령 선거의 공정성) 위반**: 사전투표 조작으로 대통령이 선출될 경우, 이는 국민이 직접 선출한 것이 아니므로 위헌이다.

따라서, 사전투표의 조작 가능성을 원천 차단하고, 부정 행위를 철저히 조사·처벌할 필요가 있다.

〈허술한 사전투표함 관리〉

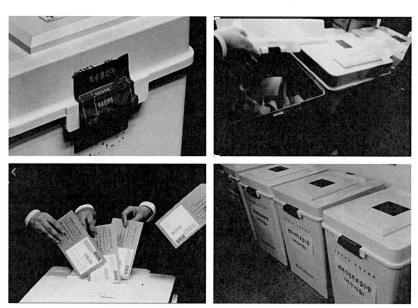

당일 투표후 개표장에 놓여 있는 투표지 묶음

3) 유령 유권자 등록 및 대리 투표

❖ 설명:

- 실제 존재하지 않는 유권자가 선거인 명부에 등록되어 투표하는 경우.
- 신분증 확인 절차가 부실할 경우, 다른 사람이 대신 투표하는 대리투표 가능성이 높아짐.
-

❖ 실제 사례:

◢ 미국 2016년 대선 '사망자 투표' 논란

- 일부 지역에서 사망한 유권자의 명의로 투표가 이루어진 사례가 보고됨.
- 조지아, 미시간, 펜실베이니아 등에서 유령 유권자 논란이 발생.

◢ 한국 2020년 총선 선거인 명부 조작 의혹

- 일부 지역에서 선거인 명부와 실제 투표자의 숫자가 맞지 않는 사례가 보고됨.
- 주소지가 불명확한 다량의 유권자 등록이 확인되면서 부정선거 의혹이 제기됨.

❖ 적법절차 위반 요소

- 인구수보다 많은 투표지 발견 : 실제 인구보다 많은 투표지가 발견되면 허위 유권자 등록이나 대리 투표가 이루어

진 것이므로 부정선거의 증거가 된다.

- 관외사전 우편투표지 조작 : 특정 지역 외부에서 투표한 것으로 위장하여 우편으로 제출된 조작된 투표지는 선거의 공정성을 해친다.

유령 유권자 등록 및 대리 투표의 헌법 위반 여부

유령 유권자 등록 및 대리 투표는 헌법이 보장하는 **국민주권 원칙, 자유롭고 공정한 선거, 평등선거 원칙, 직접선거 원칙, 공무원의 정치적 중립 의무** 등을 심각하게 훼손하는 **위헌적 행위**이다. 특히, 유령 유권자 등록이나 대리 투표는 **선거권자의 참정권을 직접적으로 침해하는 중대한 불법 행위**로 간주된다.

다음은 **헌법 조항과 위반 내용**을 구체적으로 정리한 내용이다.

---

1. 헌법 제1조 위반 (국민주권 원칙 침해)

헌법 조항

헌법 제1조

① 대한민국은 민주공화국이다.

② 대한민국의 주권은 국민에게 있고, 모든 권력은 국민으로부터 나온다.

위반 내용

- **유령 유권자(존재하지 않는 가짜 유권자)**를 등록하여 투표를

하는 행위는 국민이 행사하는 **정당한 선거권을 왜곡하는 행위**이다.

- **대리 투표(타인의 신분을 도용하여 대신 투표하는 행위)**는 국민이 직접 행사해야 할 **주권을 훼손하는 위헌적 행위**이다.
- 선거 결과가 **실제 유권자가 아닌 조작된 유권자들의 투표에 의해 왜곡될 경우**, 국민의 참정권이 박탈되고 대한민국의 **민주 공화국 원칙이 훼손**된다.
- 국가의 권력은 국민으로부터 나와야 하지만, **유령 유권자와 대리 투표를 통해 만들어진 권력은 조작된 것이므로 이는 헌법 제1조를 정면으로 위반**하는 것이다.

---

2. 헌법 제7조 위반 (공무원의 정치적 중립 및 성실 의무 위반)

헌법 조항

헌법 제7조

① 공무원은 국민 전체에 대한 봉사자이며, 국민에 대하여 책임을 진다.
② 공무원의 신분과 정치적 중립성은 법률이 정하는 바에 의하여 보장된다.

위반 내용

- **선거관리위원회나 공무원이 유령 유권자 등록 및 대리 투표를 묵인하거나 조장하는 경우**, 이는 공무원의 정치적 중립성과 성실 의무를 명백히 위반하는 행위이다.
- **선거인 명부를 부실하게 관리하여 허위 유권자가 등록되도록**

방치하는 행위는 공무원의 성실 의무를 저버리는 것이다.

- **대리 투표가 가능하도록 투표소의 감독을 소홀히 하는 행위** 역시 직무유기에 해당하며, 헌법 제7조를 위반하는 것이다.

- 공무원이 특정 정당이나 후보를 유리하게 하기 위해 유령 유권자 등록 및 대리 투표를 허용할 경우, 이는 **헌법이 보장하는 공무원의 정치적 중립성을 심각하게 훼손하는 위헌 행위**이다.

---

3. 헌법 제41조 위반 (국회의원 선거의 자유 및 공정성 침해)

헌법 조항

헌법 제41조

① 국회는 국민의 보통·평등·직접·비밀선거에 의하여 선출된 국회의원으로 구성한다.

위반 내용

유령 유권자 등록 및 대리 투표는 **선거의 4대 원칙(보통·평등·직접·비밀선거 원칙)**을 심각하게 훼손하는 행위이다.

- **보통선거 원칙 위반**
  - 모든 국민이 동등한 선거권을 보장받아야 하지만, **존재하지 않는 유령 유권자가 투표할 경우, 실제 유권자의 표의 가치는 희석되고 국민의 선거권이 침해**된다.

- **평등선거 원칙 위반**
  - 대리 투표가 가능할 경우, 특정 집단이 다른 유권자보다 더 많은 영향력을 행사하게 되므로 **유권자 간의 평등성이 보장**

되지 않게 된다.

- **직접선거 원칙 위반**
  - 국민이 직접 자신의 의사를 표현해야 하는데, **다른 사람이 대신 투표하는 대리 투표가 이루어질 경우, 국민의 직접선거권이 훼손된다.**

- **비밀선거 원칙 위반**
  - **대리 투표를 통해 특정인이 다수의 표를 행사할 경우, 투표의 비밀성이 보장되지 않으며, 선거 조작이 가능해진다.**

---

4. 헌법 제67조 위반 (대통령 선거의 공정성 침해)

헌법 조항

헌법 제67조

① 대통령은 국민의 보통·평등·직접·비밀선거에 의하여 선출한다.

위반 내용

- 대통령 선거에서 **유령 유권자가 조직적으로 등록되어 투표하거나 대리 투표가 이루어질 경우,** 이는 헌법이 보장하는 **공정한 선거 원칙을 정면으로 위반하는 행위**이다.
- 특정 후보에게 유리하게 **대리 투표가 이루어진다면, 이는 국민이 직접 선출한 것이 아니라 조작된 표로 당선된 것이므로 민주적 정당성이 결여된 결과를 초래**한다.
- **대통령 선거에서의 유령 유권자 등록 및 대리 투표는 대한민국의 헌법적 질서를 근본적으로 흔드는 중대한 위헌적 행위**이다.

5. 공직선거법 위반 여부

유령 유권자 등록 및 대리 투표는 **공직선거법에서도 명백히 불법**으로 규정하고 있다.

① 공직선거법 제37조(선거인 명부의 작성 및 관리) 위반
- 선거인 명부 작성 시 허위 유권자가 등록되거나 조작될 경우, 이는 **공직선거법 위반**이다.

② 공직선거법 제244조(사위투표죄) 위반
- **사망자 또는 실존하지 않는 유권자의 이름을 도용하여 투표하는 행위, 타인의 신분을 이용해 대리 투표하는 행위는 불법이며, 형사처벌 대상**이다.

③ 공직선거법 제250조(허위사실공표죄) 위반
- **허위로 유권자를 등록하는 행위는 선거 조작 행위로 간주되며, 이는 법적 처벌 대상이다.**

④ 공직선거법 제244조(선거부정죄) 위반
- 유령 유권자 등록 및 대리 투표를 조직적으로 행한 자는 **10년 이하의 징역 또는 5천만 원 이하의 벌금에 처한다.**

6. 결론: 유령 유권자 등록 및 대리 투표는 헌법과 공직선거법을 정면으로 위반하는 행위

유령 유권자 등록 및 대리 투표는 **대한민국 헌법이 보장하는 민주주의 원칙을 정면으로 위반하는 위헌적 행위**이다.

- **헌법 제1조(국민주권 원칙) 위반**: 유령 유권자 및 대리 투표는 국민이 직접 행사하는 선거권을 조작하는 것이므로, 국민주권 원칙을 침해한다.
- **헌법 제7조(공무원의 정치적 중립 의무) 위반**: 선관위나 공무원이 이를 묵인하면 이는 공직자의 직무유기 및 직권남용에 해당한다.
- **헌법 제41조·제67조(국회의원·대통령 선거의 공정성) 위반**: 조작된 유권자의 개입은 공정한 선거를 불가능하게 한다.

따라서, **유령 유권자 등록 및 대리 투표를 방지하기 위한 철저한 감시와 강력한 법적 대응이 필요하다.**

4) 선거인 명부 조작 및 관리 부실

❖ 설명

- 선거인 명부에 허위로 등록된 유권자가 포함되거나, 특정 유권자가 제외되는 방식으로 선거를 조작할 수 있음.
- 명부 관리가 부실하면 특정 정당 또는 후보에게 유리한 방식으로 유권자 구성을 바꿀 수 있음.

❖ 실제 사례

◢ 미국 2020년 대선 '우편투표 명부 오류'

- 일부 주에서 선거인 명부가 업데이트되지 않아, 이사 간 유권자에게 투표용지가 배달되거나, 여러 개의 투표용지가 한 사람에게 전달됨.

◢ 대한민국 2018년 지방선거 '유권자 제외 논란'

- 일부 선거구에서 특정 정당 지지 성향이 강한 유권자들이 선거인 명부에서 누락되었다는 주장이 제기됨.

❖ 적법절차 위반 요소

- **선거권자의 권리 침해**: 특정 지역 유권자의 명단을 조작하거나 누락시키면 해당 유권자의 참정권이 침해된다.
- **행정 절차의 미이행**: 선거인 명부의 철저한 검증과 관리를 소홀히 하면 이는 국가의 법적 절차를 준수하지 않은 것으로 간주된다.

선거인 명부 조작 및 관리 부실의 헌법 위반 여부

선거인 명부의 조작 및 부실한 관리는 헌법이 보장하는 **국민주권 원칙, 공정한 선거 원칙, 직접·평등선거 원칙, 공무원의 정치적 중립 의무** 등을 심각하게 훼손하는 **위헌적 행위**이다. 선거인 명부 조작을 통해 특정 후보나 정당에 유리한 결과를 만들어내면, 이는 선거의 공정성을 파괴하고 국민의 참정권을 침해하는 중대한 헌법 위반이 된다.

---

1. 헌법 제1조 위반 (국민주권 원칙 침해)

헌법 조항

헌법 제1조

① 대한민국은 민주공화국이다.

② 대한민국의 주권은 국민에게 있고, 모든 권력은 국민으로부터 나온다.

위반 내용

- **선거인 명부 조작 및 관리 부실은 국민의 주권을 왜곡하는 행위**이다.
  - 유령 유권자 등록, 사망자·이중 등록 등의 방법으로 선거인 명부를 조작하는 경우, 이는 국민이 행사하는 선거권을 조작하는 것이므로 헌법이 보장하는 **국민주권을 침해**하는 것이다.
- **국민이 행사한 선거권이 조작된 명부로 인해 왜곡될 경우**, 이

는 국민이 부여한 정치적 권력을 변질시키는 것이므로 주권이 왜곡되는 행위이다.

- 선거 결과가 **정당한 유권자가 아닌 조작된 선거인 명부를 통해 왜곡될 경우**, 이는 헌법 제1조가 보장하는 민주공화국의 기본 원칙을 정면으로 위반하는 것이다.

---

2. 헌법 제7조 위반 (공무원의 정치적 중립 및 성실 의무 위반)

헌법 조항

헌법 제7조

① 공무원은 국민 전체에 대한 봉사자이며, 국민에 대하여 책임을 진다.
② 공무원의 신분과 정치적 중립성은 법률이 정하는 바에 의하여 보장된다.

위반 내용

- **선거관리위원회가 선거인 명부 조작 및 관리 부실을 묵인하거나 개입할 경우**, 이는 공무원의 **정치적 중립성과 성실 의무를 정면으로 위반**하는 것이다.
- 선거인 명부 조작 및 부실 관리로 인해 특정 후보에게 유리하거나 불리한 결과가 나오도록 유도하는 것은 **헌법이 규정한 공무원의 정치적 중립 의무를 직접적으로 침해**하는 것이다.
- **선거인 명부를 부실하게 관리하여 허위 유권자가 등록되도록 방치하는 행위**는 공무원의 성실 의무를 저버리는 것이며, 이는 **직무유기**에 해당한다.

- 특정 정당이나 후보에게 유리하도록 선거인 명부를 조작하는 것은 **직권남용**에 해당하며, 이는 헌법 제7조 위반에 해당한다.

---

3. 헌법 제41조 위반 (국회의원 선거의 자유 및 공정성 침해)

헌법 조항

헌법 제41조

① 국회는 국민의 보통·평등·직접·비밀선거에 의하여 선출된 국회의원으로 구성한다.

위반 내용

선거인 명부 조작 및 관리 부실은 헌법이 보장하는 **"보통·평등·직접·비밀선거" 원칙을 심각하게 훼손하는 행위**이다.

- **보통선거 원칙 위반**
  - 모든 국민이 동등한 선거권을 보장받아야 하지만, **유령 유권자 등록·사망자 명부 유지·이중 등록 등의 방법으로 특정 집단이 부당한 선거권을 행사할 경우**, 이는 보통선거 원칙을 위반하는 것이다.

- **평등선거 원칙 위반**
  - 특정 정당이나 후보에게 유리하게 **유권자 명부가 조작될 경우, 정상적인 유권자의 투표권이 침해되므로 평등선거 원칙이 무너진다.**

- 직접선거 원칙 위반
  - 대리 투표, 사망자 투표, 유령 유권자 투표가 가능해질 경우, 국민이 직접 투표하는 것이 아니라 조작된 명부가 투표하는 것이므로 직접선거 원칙이 훼손된다.
- 비밀선거 원칙 위반
  - 선거인 명부가 조작되면 특정 유권자의 선거권이 쉽게 노출될 가능성이 있으므로 비밀선거 원칙을 보장할 수 없다.

4. 헌법 제67조 위반 (대통령 선거의 공정성 침해)

헌법 조항

헌법 제67조

① 대통령은 국민의 보통·평등·직접·비밀선거에 의하여 선출한다.

위반 내용

- 대통령 선거에서 **선거인 명부 조작이 발생하면, 이는 헌법 제67조가 보장하는 "보통·평등·직접·비밀선거" 원칙을 정면으로 위반하는 행위**이다.
- 특정 정당이나 후보가 **유령 유권자 등록, 사망자 투표, 선거인 명부 조작을 통해 당선될 경우,** 이는 국민이 직접 선출한 것이 아니므로 민주적 정당성이 결여된 결과가 된다.
- 선거인 명부가 조작되거나 관리가 부실할 경우, 국민의 참정권을 직접적으로 침해하는 행위가 되므로 이는 헌법을 정면으로 위반하는 중대한 범죄 행위이다.

5. 공직선거법 위반 여부

선거인 명부 조작 및 관리 부실은 **공직선거법에서도 명백한 불법행위**로 규정되어 있다.

① 공직선거법 제37조(선거인 명부의 작성 및 관리) 위반
- 선거인 명부 작성 시 허위 유권자가 등록되거나, 이미 사망한 사람의 명부가 유지되는 경우, 중복 등록이 발생하는 경우, 이는 공직선거법 위반이다.

② 공직선거법 제244조(사위투표죄) 위반
- 허위로 등록된 유권자가 투표를 하거나, 특정 정당이 유령 유권자를 조직적으로 동원할 경우 선거부정죄가 적용될 수 있다.

③ 공직선거법 제250조(허위사실공표죄) 위반
- 허위로 유권자를 등록하는 행위는 선거 조작 행위로 간주되며, 이는 법적 처벌 대상이다.

④ 공직선거법 제244조(선거부정죄) 위반
- 선거인 명부를 조작한 자는 10년 이하의 징역 또는 5천만 원 이하의 벌금에 처한다.

---

6. 결론: 선거인 명부 조작 및 관리 부실은 헌법과 공직선거법을 정면으로 위반하는 행위

선거인 명부 조작 및 관리 부실은 대한민국 헌법이 보장하는 민주주의 원칙을 정면으로 위반하는 위헌적 행위이다.

- 헌법 제1조(국민주권 원칙) 위반
- 헌법 제7조(공무원의 정치적 중립 의무) 위반
- 헌법 제41조(국회의원 선거의 공정성) 위반
- 헌법 제67조(대통령 선거의 공정성) 위반

따라서, 선거인 명부 조작을 방지하기 위한 철저한 감시와 강력한 법적 대응이 필요하다.양식의 맨 아래

5) 부정 투표지 논란

사전투표지 검증장에서 발견된 신권 다발 처럼 빳빳한 투표용지

❖ 적법절차 위반 요소

- **유효한 투표의 원칙 위반** : 선거무효소송 투표지검증에서 신권 다발 투표지, 이미 도장 찍힌 투표지, 배춧잎 투표지, 일장기 투표지 등은 무효처분해야 하는데 일부 유효처분은 선거의 투명성을 훼손하는 요소이다.

- **투표 과정의 조작 가능성** : 정상적으로 발급된 투표지가 아닌 해킹 등 조작된 투표지가 사용되면 선거 절차의 정당성이 손상된다.

- **선거 결과의 조작 가능성** : 부정 투표지가 개표 과정에서 발견될 경우 이는 선거 절차의 적법성을 위반한 것이다.

- **비정규 투표용지 발견** : 공식 투표용지와 다른 비정규 용지가 개표 과정에서 발견될 경우 이는 조작된 투표지가 개표에 포함되었음을 의미한다.

- **수작업 육안 분류 결과를 모두 무효표 처리** : 특정 후보의 표를 부당하게 무효표로 처리하면, 이는 선거 결과를 조작하는 행위이다.

부정투표지 논란의 헌법 위반 여부

부정투표지는 헌법이 보장하는 **국민주권 원칙, 자유롭고 공정한 선거, 직접·평등·비밀선거 원칙, 공무원의 정치적 중립 의무** 등을 심각하게 훼손하는 **위헌적 행위**이다. 투표지는 선거의 핵심적인 요소이며, 투표 과정에서 발생하는 부정행위는 민주주의의 근간을 뒤흔드는 중대한 헌법 위반에 해당한다.

부정투표지(예 : **신권다발 투표지, 이미 도장 찍힌 투표지, 배춧잎 투표지, 일장기 투표지, 비정규 투표용지, 수작업 육안 분류 결과의 무효표 처리** 등)가 개표 과정에서 발견되었을 경우, 이는 선거의 **공정성과 투명성**을 위협하며 **적법절차를 심각하게 위반하는 행위**이다.

다음은 **헌법 조항과 위반 내용**을 구체적으로 정리한 내용이다.

1. 헌법 제1조 위반 (국민주권 원칙 침해)

헌법 제1조

① 대한민국은 민주공화국이다.

② 대한민국의 주권은 국민에게 있고, 모든 권력은 국민으로부터 나온다.

위반 내용

- 부정투표지가 개표 과정에서 발견될 경우, 이는 **국민이 행사한 주권(선거권)이 조작될 가능성이 있다는 의미**이므로 헌법 제1조에서 보장하는 국민주권을 심각하게 침해하는 행위이다.
- **조작된 투표지가 개표에 포함되거나, 정상적인 투표지가 무효표로 처리될 경우**, 이는 국민이 행사한 선거권을 왜곡하여 정치적 대표성이 조작될 수 있음을 의미한다.
- 신권다발 투표지, 이미 도장이 찍힌 투표지, 비정규 투표용지 등이 발견되면 이는 **선거 결과가 정당하게 반영되지 않을 가능성을 높이므로 국민주권이 침해된 것**이다.
- **선거는 국민이 직접 권력을 위임하는 중요한 과정인데, 부정투표지가 사용될 경우 이는 선거가 조작된 것이므로 국민의 주권이 심각하게 훼손**된다.

---

2. 헌법 제7조 위반 (공무원의 정치적 중립 및 성실 의무 위반)

헌법 조항

헌법 제7조

① 공무원은 국민 전체에 대한 봉사자이며, 국민에 대하여 책임을 진다.

② 공무원의 신분과 정치적 중립성은 법률이 정하는 바에 의하여
보장된다.

위반 내용

- 선거관리위원회가 부정투표지가 개표 과정에서 발견되었음에도
이를 방치하거나 묵인할 경우, 이는 공무원의 **정치적 중립성과
성실 의무를 정면으로 위반**하는 것이다.
- **부정투표지를 무효표로 처리하지 않거나, 정상적인 투표지를
부당하게 무효표로 처리**할 경우, 이는 공무원의 정치적 중립성
이 훼손되는 것이다.
- **특정 후보에게 유리하게 개표를 조작하는 행위**(예: 수작업 육
안 분류 결과를 특정 후보에게 불리하게 무효표로 처리하는
경우)는 **공무원의 직권남용에 해당하며 헌법 제7조를 위반**하
는 것이다.
- 선거관리위원회가 **부정투표지를 철저히 검증하지 않고 넘어가
는 경우, 이는 직무유기에 해당하며 헌법이 보장하는 공정한
선거 원칙을 정면으로 훼손하는 행위**이다.

3. 헌법 제41조 위반 (국회의원 선거의 자유 및 공정성 침해)

헌법 조항

헌법 제41조

① 국회는 국민의 보통·평등·직접·비밀선거에 의하여 선출된 국회
  의원으로 구성한다.

위반 내용

부정투표지는 헌법이 보장하는 **"보통·평등·직접·비밀선거" 원칙을**
심각하게 훼손하는 행위이다.

- **보통선거 원칙 위반**
  - 모든 국민이 동등한 선거권을 행사해야 하지만, **부정투표지**
    가 개표 과정에서 반영될 경우 국민의 투표권이 조작될 가
    능성이 존재하므로 보통선거 원칙이 훼손된다.
- **평등선거 원칙 위반**
  - 특정 후보에게 유리하게 **부정투표지가 사용되거나 정상적인**
    투표지가 무효표로 처리될 경우, 유권자 간의 투표권이 동등
    하게 반영되지 않으므로 평등선거 원칙이 위반된다.
- **직접선거 원칙 위반**
  - 국민이 직접 행사한 투표가 **부정투표지와 섞이거나, 특정 표**
    가 조작되어 무효표로 처리될 경우, 이는 유권자가 직접 선
    출한 것이 아니라 **부정투표지를 통해 조작된 후보가 선출되**
    는 것이므로 직접선거 원칙을 위반하는 행위이다.
- **비밀선거 원칙 위반**
  - 특정 후보에게 불리한 표만 무효표로 처리하거나, 투표지의
    형식이 변조된 경우, 이는 **투표의 비밀성이 훼손될 가능성이**
    있으므로 비밀선거 원칙을 위반하는 행위이다.

4. 헌법 제67조 위반 (대통령 선거의 공정성 침해)

헌법 조항

헌법 제67조

① 대통령은 국민의 보통·평등·직접·비밀선거에 의하여 선출한다.

위반 내용

- **대통령 선거에서 부정투표지가 발견될 경우**, 이는 헌법 제67조에서 규정하는 **"보통·평등·직접·비밀선거" 원칙을 정면으로 위반**하는 것이다.
- 특정 후보가 **조작된 투표지를 통해 당선될 경우, 이는 국민이 직접 선출한 것이 아니라 조작된 선거로 당선된 것이므로 민주적 정당성이 결여된 결과**가 된다.
- 대통령 선거에서의 **부정투표지 논란은 국가적 혼란을 초래하며, 이는 국민의 선거권을 직접적으로 침해하는 행위이므로 헌법을 정면으로 위반하는 중대한 범죄** 행위이다.

---

5. 공직선거법 위반 여부

부정투표지는 **공직선거법에서도 명백히 불법으로 규정**되어 있다.

① 공직선거법 제243조(투표지 조작 금지) 위반

- **조작된 투표지를 사용하거나 변조된 투표지를 개표 과정에서 반영하는 행위는 선거법 위반**이다.

② 공직선거법 제244조(선거부정죄) 위반

- 부정투표지를 개표에 포함시키거나, 정상적인 투표지를 부당하게 무효표로 처리할 경우, **선거부정죄가 적용되며 형사처벌 대상이 된다.**

③ 공직선거법 제178조(개표의 진행) 위반

- 개표 과정에서 특정 후보에게 유리한 방향으로 부정투표지를 조작하거나 무효표로 만드는 행위는 **공직선거법 위반이며, 심각한 불법 행위**이다.

---

6. 결론 : 부정투표지는 헌법과 공직선거법을 정면으로 위반하는 행위

부정투표지는 헌법과 공직선거법에서 보장하는 **공정하고 투명한 선거 원칙을 심각하게 위배하는 행위**이다.

- 헌법 제1조(국민주권 원칙) 위반
- 헌법 제7조(공무원의 정치적 중립 의무) 위반
- 헌법 제41조(국회의원 선거의 공정성) 위반
- 헌법 제67조(대통령 선거의 공정성) 위반

따라서, **부정투표지를 방지하기 위한 철저한 감시와 강력한 법적 대응이 필요하다.**

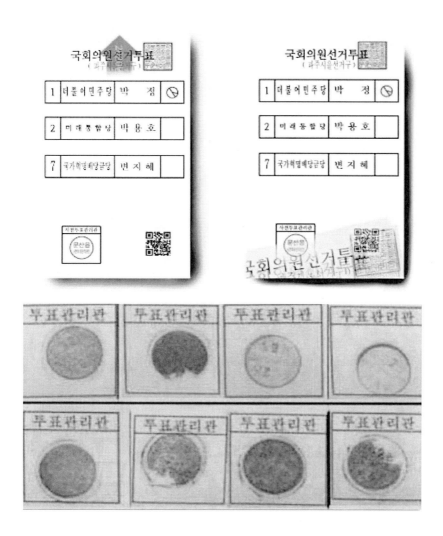

※ 부정투표지 방지를 위한 제안

투표용지에 일련번호를 3곳에 넣어 투표소에서 배부하기 전에 하나는 일련번호지함에 넣고 또 하나는 선거인에게 배부하고 나머지는 투표용지에 있게 하면 투표지 바꿔치기, 투표함 바꿔치기가 불가능하며 사후 검증이 명확함.

6) 선거관리위원회의 공정성 문제

중앙선거관리위원회 건물

중앙선관위의 정치적 중립

FN TODAY OPINION, KOREA

문. 귀하는 중앙선거관리위원회가 선거를 중립적으로 관리하고 있다고 생각하십니까? 그렇지 않다고 생각하십니까? [4.15 총선 부정선거 있었다 n=740,단위: %]

중립적이다 14.2

중립적이지 않다 73.3

잘 모르겠다 12.5

■ 조사기간: 2021년 10월 6일(수) ■ 조사대상: 전국 만18세 이상 남녀 ■ 조사방법: 휴대전화RDD100% 자동응답전화조사 ■ 응답자수: 2,218명
■ 가중치부여: 2021년 6월 행정안전부 주민등록 인구 기준 성,연령, 지역별 림가중 ■ 표본오차: 95%신뢰수준 ± 2.1% ■ 응답률: 4.9%

❖ 설명

- 선거관리위원회(선관위)는 선거를 공정하게 관리해야 하지만, 특정 정당이나 후보에게 유리한 방식으로 선거를 운영하는 경우 문제가 됨.
- 투표지 관리, 개표 과정 조작, 특정 후보에게 유리한 규정 적용 등이 포함됨.

❖ 실제 사례

◤ 한국 2022년 대선 사전투표 관리 부실 논란

- 선관위가 사전투표함을 부실하게 관리하여, 투표함이 방치되거나 이동 과정에서 조작 가능성이 제기됨.

◤ 필리핀 2016년 대선 '개표 지연과 선관위 개입'

- 개표 과정에서 선관위가 특정 후보에게 유리하도록 개표를 조작했다는 의혹이 제기됨.

❖ 적법절차 위반 요소

- **선거의 독립성 위반** : 선거관리위원회가 특정 정당이나 후보를 편향적으로 지원하거나 개입하면 선거 중립성을 훼손하는 것이다.
- **감시 및 투명성 부족** : 개표 과정에서 외부 감시가 제한되거나, 공정한 개표 절차를 따르지 않으면 적법절차가 무시된 것으로 간주된다.

❖ 헌법 위반 여부

• 헌법 제1조 (국민주권 원칙 및 민주주의 원칙 위반)

헌법 제1조

① 대한민국은 민주공화국이다.

② 대한민국의 주권은 국민에게 있고, 모든 권력은 국민으로부터 나온다.

위반 내용

- 부정선거가 발생하면, 국민이 행사한 **주권(선거권)이 왜곡**되며, 이는 민주공화국 원칙을 근본적으로 훼손하는 행위이다.
- 선거 결과가 조작될 경우, **국민이 직접 선출하는 공직자의 정당성이 사라지며, 국민이 부여한 정치적 권력이 왜곡**된다.
- 전자개표기 조작, 사전투표 조작, 유령 유권자 등록 등의 행위는 **국민의 자유로운 투표권을 침해**하며, 이는 대한민국이 민주공화국임을 규정한 헌법 제1조를 직접적으로 위반하는 것이다.

• 헌법 제7조(공무원의 정치적 중립 및 성실 의무) 위반

헌법 제7조

① 공무원은 국민 전체에 대한 봉사자이며, 국민에 대하여 책임을 진다.

② 공무원의 신분과 정치적 중립성은 법률이 정하는 바에 의하여 보장된다.

위반 내용

- **선거관리위원회의 부정채용 (감사원 감사 결과 878건 적발)**
  - 선관위가 서류를 조작하여 **부정한 방법으로 인력을 채용한 행위**는 공무원의 정치적 중립성을 심각하게 훼손하는 것이다.
  - 선거를 관리해야 하는 기관이 내부적으로 부정 행위를 자행했다는 점에서, 공무원의 **성실 의무를 정면으로 위반**하였다.
- **선관위 직원들의 근무 태만 및 직무유기**
  - 선거철마다 조직적으로 **휴가를 사용**하며 선거 관리를 소홀히 하는 것은 국민 전체에 대한 봉사 의무를 저버리는 직무유기이다.
  - 개표 부정이나 사전투표 조작이 의심되는 정황이 있음에도 선관위가 이에 대한 **검증을 소홀히 하거나 은폐하는 행위는 직권남용 및 직무유기에 해당**한다.
- **직권남용 및 선거 개입**
  - 특정 정당이나 후보에게 유리한 방향으로 **선거를 조작하거나, 공정성을 해치는 행위**는 정치적 중립성을 훼손하는 위헌적 행위이다.

• 헌법 제41조 (국회의원 선거의 자유 및 공정성 훼손)

헌법 제41조

① 국회는 국민의 보통·평등·직접·비밀선거에 의하여 선출된 국회의원으로 구성한다.
② 국회의원의 수와 선거구 및 비례대표제 기타 선거에 관한 사항은 법률로 정한다.
③ 국회의원의 선거에 있어서 정당은 법률이 정하는 바에 의하여 후보자를 추천할 수 있다.

위반 내용

- **사전투표 조작, 개표 조작, 유령 유권자 등록, 선거인 명부 조작 등은 헌법이 보장하는 "보통·평등·직접·비밀선거" 원칙을 위반하는 행위이다.**

  - **보통선거 원칙 위반**: 유령 유권자 등록, 인구수보다 많은 투표지 발견 등은 특정 계층에 유리한 선거 결과를 만들기 위해 조작된 것이므로 보통선거 원칙을 위반하는 행위이다.
  - **평등선거 원칙 위반**: 특정 후보에게 유리하게 개표 조작을 하거나, 특정 후보의 표를 무효표로 처리하는 행위는 유권자 간의 평등성을 훼손하는 것이다.
  - **직접선거 원칙 위반**: 대리투표나 사전투표 조작이 발생할 경우, 이는 국민이 직접 투표할 권리를 침해하는 것이므로 직접선거 원칙을 위반하는 행위이다.

- 　◦ **비밀선거 원칙 위반**: 선거인 명부 조작, 개표 과정의 불투명성 등은 선거의 비밀성을 보장하지 않는 것이므로 위헌적 요소가 있다.

- **헌법 제67조 (대통령 선거의 공정성 훼손)**

헌법 제67조

① 대통령은 국민의 보통·평등·직접·비밀선거에 의하여 선출한다.

② 제1항의 선거에 있어서 정당은 법률이 정하는 바에 의하여 후보자를 추천할 수 있다.

③ 대통령으로 선거될 수 있는 자는 국회의원의 피선거권이 있는 자로 한다.

④ 대통령의 선거에 관한 사항은 법률로 정한다.

⑤ 대통령에 입후보하려는 자는 법률이 정하는 바에 의하여 선거일 전 일정한 기간 동안 그 직에서 퇴직하여야 한다.

위반 내용

- **대통령 선거에서 부정선거가 발생하면 이는 헌법 제67조를 직접적으로 위반하는 행위이다.**
- **전자개표기 조작, 사전투표 조작, 부정 투표지 사용 등의 행위는 국민의 보통·평등·직접·비밀선거 원칙을 위반하는 행위이다.**
- **선거관리위원회의 직무유기 및 정치적 중립성 훼손**

> ◦ 선관위가 특정 후보에게 유리한 방식으로 선거를 조작하거
> 나, 개표 과정에서 특정 후보의 표를 불리하게 조작하는
> 행위는 헌법 제67조 위반이다.

❖ 공직선거법 위반 여부

- **제13조(선거관리위원회의 중립 의무)** : 선관위가 불공정하게
  운영되면 이는 선거법 위반이다.
- **제244조(선거부정죄)** : 선관위가 선거 개입을 할 경우 처벌
  대상이 된다.

7) 언론과 여론 조작을 통한 간접적 개입

❖ 설명

- 선거 과정에서 언론과 SNS를 활용하여 특정 후보를 띄우거나, 허위 정보를 퍼뜨려 여론을 조작하는 방식.
- 가짜 뉴스, 왜곡된 여론조사 발표 등을 통해 특정 후보에게 유리한 환경을 조성함.

❖ 실제 사례

◢ 브렉시트(2016) 캠페인 중 '페이스북 데이터 조작' 사건

- 캠브리지 애널리티카(Cambridge Analytica)가 페이스북 이용자 데이터를 불법적으로 활용하여 특정 정치적 메시지를 집중적으로 노출.
- 이를 통해 국민 여론을 조작하고 선거 결과에 영향을 줌.

◢ 대한민국 2017년 대선 '댓글 조작 사건' (드루킹 사건)

- 특정 정치 세력이 포털사이트 댓글 조작 프로그램(킹크랩)을 사용하여 여론을 왜곡.
- 네이버 등 포털에서 특정 후보를 지지하는 댓글을 대량 생산해 여론을 조작함.

◢ 미국 2020년 대선 '트위터·페이스북의 정보 차단 논란'

- 특정 후보에게 불리한 정보(바이든의 헌터 바이든 스캔들)가 SNS에서 차단되면서 여론 형성에 영향을 줌.

❖ 적법절차 위반 요소

- **유권자의 정보 접근권 침해** : 언론이 편향적인 보도를 하거나 특정 후보에 대한 허위 정보를 퍼뜨리면 유권자의 올바른 선택권이 박탈된다.
- **여론조작을 통한 선거 개입** : 조작된 여론조사를 이용해 특정 후보에게 유리한 분위기를 조성하면 민주적 선거 과정의 왜곡이 된다.

부정선거와 헌법 제21조(표현의 자유 및 알 권리) 위반 여부

1. 헌법 제21조의 내용

헌법 제21조

① 모든 국민은 언론·출판의 자유와 집회·결사의 자유를 가진다.

② 언론·출판에 대한 허가나 검열과 집회·결사에 대한 허가는 인정되지 아니한다.

③ 통신·방송의 시설기준과 신문의 기능을 보장하기 위하여 필요한 사항은 법률로 정한다.

④ 언론·출판은 타인의 명예나 권리 또는 공중도덕이나 사회윤리를 침해하여서는 아니 되며, 이에 대한 피해자는 피해의 구제를 법원에 청구할 수 있다.

---

2. 부정선거와 헌법 제21조 위반 내용

① 국민의 표현의 자유 침해

- **선거 부정 의혹을 제기하는 시민·언론·단체에 대한 탄압**
  - 부정선거 의혹을 제기하는 사람들을 허위사실 유포자로 몰아 **법적 제재(고소·고발, 명예훼손 혐의 적용) 또는 검열**하는 경우, 이는 국민의 **표현의 자유를 억압하는 위헌적 행위**이다.
  - 특정 정당이나 후보에게 불리한 내용이 담긴 **언론 보도 및 SNS 게시물을 삭제하거나, 해당 게시물을 작성한 시민에게 법적 책임을 묻는 행위**는 표현의 자유를 침해하는 것이다.

- **선거 부정 관련 토론과 검증이 차단되는 경우**
  - 선거 조작 가능성을 제기하는 **공청회, 학술 토론, TV 토론 프로그램 등이 특정한 이유로 금지되거나 제한되는 경우,** 이는 표현의 자유를 직접적으로 침해하는 행위이다.
  - 방송사가 특정 정당이나 후보에 불리한 내용이 포함된 프로그램을 **임의로 편집하거나 삭제하는 경우,** 이는 언론의 자유를 제한하는 위헌적 행위이다.

② 국민의 알 권리(知的權利) 침해

- **부정선거 의혹에 대한 정보 은폐 및 여론 통제**
  - 선거 과정에서 발생한 부정 의혹에 대해 선거관리위원회, 정부 기관, 언론 등이 **고의적으로 정보를 은폐하거나 조작할 경우,** 국민이 올바른 판단을 할 권리를 침해하는 것이다.
  - 전자개표기 오류, 사전투표 조작, 선거인 명부 조작 등의 문

제가 제기되었음에도 **선거관리위원회가 투명한 조사를 하지 않거나, 국민이 요청한 정보 공개를 거부하는 행위**는 헌법이 보장하는 알 권리를 침해하는 것이다.

- **선거 관련 언론 통제 및 여론 조작**
  - **선거를 앞두고 특정 후보나 정당에 불리한 기사를 삭제하거나 보도를 막는 경우**, 이는 국민이 선거에 대한 올바른 정보를 접할 권리를 제한하는 것이다.
  - **왜곡된 여론조사 결과를 발표하여 특정 후보에게 유리한 분위기를 조성하는 경우**, 이는 선거의 공정성을 훼손할 뿐만 아니라 국민의 알 권리를 심각하게 침해하는 것이다.
  - **정부 기관 또는 특정 단체가 특정 정당이나 후보에 유리한 선전물을 무분별하게 배포하거나, 반대 후보에 대한 허위 정보를 유포하는 경우,** 국민이 정확한 정보를 얻을 권리를 방해하는 행위이다.

③ 인터넷 검열 및 SNS 통제

- **SNS(유튜브, 페이스북, 트위터 등)에서 선거 관련 게시물이 검열되거나 차단되는 경우**
  - 선거 부정 의혹을 제기하는 영상이나 게시물이 강제 삭제되거나, 해당 계정이 정지되는 경우, 이는 국민의 표현의 자유를 심각하게 침해하는 것이다.
  - SNS를 통해 **정부나 특정 정당이 조직적으로 여론을 조작하거나 특정 후보를 유리하게 홍보하는 행위**는 국민의 알 권리를 왜곡하는 것이다.

3. 헌법 제21조 위반에 해당하는 공직선거법 및 형법 조항

- **공직선거법 제250조(허위사실공표죄) 남용**
  - 공직선거법 제250조는 **선거와 관련하여 허위 사실을 공표하는 것을 처벌하는 조항**이다.
  - 그러나 선거 부정 의혹을 제기하는 국민과 언론이 **정당한 의혹 제기나 검증을 시도했음에도, 이를 허위사실유포죄로 몰아 법적 조치를 하는 경우,** 이는 표현의 자유를 침해하는 것이므로 위헌적인 법 적용이 된다.

- **공직선거법 제251조(비방죄) 남용**
  - 특정 후보의 비리에 대해 합리적 의혹을 제기했음에도, 이를 근거로 **비방죄를 적용하여 언론이나 시민을 탄압할 경우,** 이는 알 권리를 침해하는 행위이다.

- **형법 제307조(명예훼손죄) 남용**
  - 부정선거 의혹을 제기한 개인이나 단체를 **명예훼손죄로 고소·고발하여 입을 막으려는 행위**는 표현의 자유를 억압하는 것으로, 이는 헌법 제21조를 직접적으로 위반하는 것이다.

---

4. 결론: 헌법 제21조 위반은 민주주의의 근간을 무너뜨리는 행위

부정선거와 관련하여 국민의 표현의 자유와 알 권리가 침해될 경우, 이는 단순한 법 위반이 아니라 **민주주의 근간을 흔드는 위헌적 행위**이다.

- 국민이 선거 부정 의혹을 제기하는 것이 법적 탄압을 받을 경우, 이는 표현의 자유를 심각하게 침해하는 것이다.
- 선거 관련 정보가 고의적으로 조작되거나 차단될 경우, 국민의 알 권리가 훼손되며 선거의 공정성이 무너진다.
- 언론이 특정 후보에게 유리한 보도만 하고 불리한 내용은 은폐할 경우, 이는 언론의 자유를 제한하는 것이며, 국민의 자유로운 정치적 의사 형성을 방해하는 행위이다.
- SNS에서 부정선거 관련 정보가 검열되거나 삭제될 경우, 이는 민주주의 국가에서 있을 수 없는 심각한 표현의 자유 침해 행위이다.

이러한 점에서, **부정선거 의혹을 제기하는 국민과 언론에 대한 탄압, 선거 관련 정보 조작 및 검열, 여론 조작 행위 등은 헌법 제21조를 정면으로 위반하는 위헌적 행위**이며, 이를 방지하기 위해서는 강력한 법적 대응과 국민적 감시가 필요하다.

❖ 결론

부정선거는 여러 가지 방식으로 이루어질 수 있으며, 기술 발전과 함께 더욱 정교해지고 있다.

특히 **전자개표기 해킹 및 조작, 사전투표 입법 부작위 위반, 유령 유권자 등록, 선관위 개입, 언론 조작** 등은 선거의 공정성을 심각하게 해칠 수 있는 요소이다.

이를 방지하기 위해서는 **선거 감시 강화, 투표 절차 개선, 선관위의 중립성 확보** 등의 제도적 보완이 필요하다.

4. 부정선거 백문백답 (Q&A 형식)

1) 사전투표와 개표 과정 문제점

Q1. 사전투표용지 발급기가 해킹 등의 보안 규정을 갖추지 않은 것은 법적으로 문제가 있습니까?

A: 네, 이는 선거법 부진정 입법 부작위에 해당하며 헌법의 평등권을 위반할 수 있습니다. 보안 규정이 미비하면 해킹 및 조작의 위험성이 커지고 선거 공정성이 훼손됩니다.

Q2. 전자개표기의 사용 절차에서 문제가 발생하면 어떤 법적 문제가 됩니까?

A: 전자개표기는 공직선거법 부칙 제5조(전산조직에 의한 개표)의 규정을 따라야 합니다. 절차 위반 시 선거 무효 사유가 될 수 있습니다. 사용절차에서는 현재는 전자개표기를 사용하고 사실상 수작업 개표를 누락을 23년 동안 선거부정을 저지른 것이었다. 그러므로 수작업 개표를 하고 전자개표기를 사용하면 공직선거법 취지에 부합됩니다.

Q3. 사전투표용지 발급기에 대한 선거법 개정이 이루어지지 않은 것은 헌법 위반입니까?

A: 그렇습니다. 기술 변화에 맞춘 법 개정이 이루어지지 않으면 전자개표기와 비교하면 헌법상 평등권 및 국민의 참정권을 침해하는 요소가 됩니다.

Q4. 해킹 등으로 인해 혼표와 무효표가 발생하는 것은 선거법 위반입니까?

A: 네. 2003년 대통령선거무효소송 투표지검증에서도 유사한 사례가 확인되었으며, 선거법 위반이며 사실상 선거무효입니다.

Q5. 사전투표소에서 투표 종료 후 투표지를 확인하지 않는 것은 문제가 됩니까?

A: 네. 사전투표관내의 경우이며, 이는 선거관리위원회의 행정 편의주의로 인한 위반문제이며, 관외사전투표와 비교하면 투표참관원칙을 위반한 것입니다.

Q6. 사전투표용지에 QR코드를 넣는 것이 위법입니까?

A: 네. 공직선거법 제151조 제6항 위반입니다. 공직선거법 문언해석과 같이 바코드를 넣어야 합니다.

Q7. 투표용지에 일련번호가 누락된 것은 문제가 됩니까?

A: 네. 공직선거법 제150조 제10항에 따르면, 모든 투표용지에는 일련번호가 포함되어야 하며, 누락될 경우 투표지바꿔치기 투표함 바꿔치기가 가능하며 사후 검정이 사실상 불가능 합니다. 투표용지에 일련번호를 3곳에 넣어 하나는 투표용지 배부시에 번호지함에 넣고, 하나는 선거인에게 배부하고 나머지는 투표용지에 있는 것입니다. 관리하면 모순을 해결할 수 있다.

Q8. 중앙선관위의 인장 관리 방식이 선거법 위반입니까?

A: 네. 공직선거법 제158조(사전투표) 및 제157조(투표용지 수령 및 기표절차) 위반에 해당할 수 있습니다.

Q9. 사전투표인의 신분증 스캔 파일을 선거일 30일 후 즉시 폐기하는 것이 헌법 위반입니까?

A: 네. 일반적으로 선거인 명부는 국회의원 임기 종료 시까지 보관됩니다. 사전투표의 경우 조기 폐기는 증거 인멸로 간주되며 헌법의 평등권 위반입니다.

Q10. 개표참관인이 충분하지 않은 것은 문제가 됩니까?

A: 네. 최소한의 정족수인 2개 정당의 참관인을 채우지 못한 개표참관인 부족은 선거무효 사유입니다.

〈개표장 전경〉

부정선거 관련 백문백답
[한국주권자연맹 회원들의 질문사항]

1. 사전투표 시 익명이 보장되지 않는 이유는? QR 코드나 바코드를 사용하는 이유는?

- 사전투표용지에는 QR 코드나 바코드가 포함되어 있는데, 이는 투표 관리와 보안성 강화를 위해 도입된 것이다.
- 하지만 일각에서는 이를 통해 익명성이 훼손될 가능성이 있다고 우려한다.
- QR 코드나 바코드를 통해 특정 유권자의 투표 내역을 추적할 수 있는지에 대한 논란이 지속되고 있다.

2. 사전선거일이 본투표일보다 긴 이유는? 굳이 이틀이나 필요한가?

- 투표율을 높이기 위한 것이다.
- 하지만 본투표일이 하루인데 사전투표를 이틀간 운영하는 것이 불필요하다는 지적도 있다.
- 이에 대해 본투표일을 연장하여 사전투표 없이 운영하는 방안도 논의되고 있다.

3. 선거법에도 투표용지는 접어서 넣도록 하는데, 개표 시 왜 빳빳한 용지가 나오는가?

- 정상적인 투표 절차를 따랐다면 접힌 흔적이 있어야 하지만, 개표 시 빳빳한 용지가 발견되는 경우가 있다.
- 이에 대해 인쇄된 사전투표용지가 미리 준비되었거나 조작되었을 가능성을 제기하는 의혹이 있다.
- 그러나 선관위는 접어서 넣더라도 용지 재질 상 펴질 수 있다고 해명하고 있다.

4. 투표지검증장에서 마치 영수증이 다발로 본딩되어 있는 것처럼 선거용지가 몇 장이 하나로 붙어있을 수 있는 이유는?

- 일부 개표 과정에서 여러 장의 투표지가 붙어있는 현상이 포착된 바 있다.
- 이는 용지 인쇄 과정에서 정전기나 인쇄 공정 문제로 인해 발생할 수 있다고 선관위는 설명한다.
- 그러나 **이러한 현상이 특정 지역이나 특정 후보에게 유리하게 작용했다면 의혹이 제기될 수 있다.**

5. 사전투표에 대한 불만이 많은데, 본투표 기간을 늘려서 본투표로만 진행할 수는 없는가?

- 사전투표에 대한 논란을 줄이기 위해 본투표 기간을 2~3일로 연장하는 방안이 고려되고 있다.
- 본투표를 확대하면 사전투표의 필요성이 줄어들고, 부정선거 의혹도 완화될 가능성이 있다.

- 하지만 선거 인력과 비용 문제, 투표율 저하 등의 문제가 발생할 수도 있다.

6. 개표 시 수개표와 전자개표 대조율은 얼마나 되는가?

- 공식적으로 개표는 수개표와 전자개표를 병행하여 진행하지만, 전자개표 결과를 수개표로 100% 검증하는지에 대한 의문이 제기되어 수개표 누락이 확인 되었다.
- 일부에서는 전자개표기가 해킹의 가능성을 높일 수 있다고 주장하며, 전면적인 수개표를 요구한다.
- 현 개표관리는 수작업 개표를 사실상 하지 않아 해커들의 운동장이 되었다.

7. 제21대 총선 당시 '소쿠리 투표' 논란은 무엇이며, 선관위가 이를 허용한 이유는?

- 2020년 제21대 총선 당시, 코로나19 격리자들의 투표 과정에서 종이 바구니(소쿠리)를 이용한 투표가 논란이 되었다.
- 이는 투표의 비밀성과 보안성을 심각하게 훼손하는 조치였으며, 선관위의 관리 부실에 대한 불신을 초래했다.
- 선관위는 긴급한 상황에서 내린 조치였다고 해명했지만, 국민적 불신은 여전히 해소되지 않았다.

8. 투표함 봉인 스티커는 왜 여러 번 쉽게 떼었다 붙였다 할 수 있는 재질인가?

- 정상적인 봉인 스티커는 한 번 붙이면 떼어낼 수 없도록 제작하는 것이 일반적이다.
- 그러나 일부 투표함의 봉인 스티커가 쉽게 떼었다 붙였다 할 수 있는 것으로 확인되면서 조작 가능성 논란이 제기되었다. 그 투표함은 무효처분해야 한다.
- 이에 대해 선관위는 재질상 문제가 있었으며, 개선할 예정이라고 해명했다.

9. 부정선거뿐만 아니라 부정부패를 저지르는 선관위를 견제할 수 있는 방법은?

- 선관위는 헌법기관으로 독립성을 보장받고 있어 행정부의 직접적인 개입이 어렵다.
- 국회에서 선관위의 운영을 감시하고, 선거 관련 법안을 개정하는 것이 주요 견제 수단이다.
- 국민이 직접 감시하는 시민단체의 역할도 중요하며, 선거 과정의 투명성을 강화할 필요가 있다.

10. 선관위원장을 대법관이나 판사들이 맡게 된 이유와 부작용은?

- 선관위의 공정성을 보장하기 위해 법조인(대법관, 판사) 출신이 위원장을 맡도록 하는 구조가 만들어졌다.

- 그러나 특정 정치적 성향을 가진 법조인이 선관위를 장악할 경우, 공정성이 훼손될 위험이 있다.
- 선관위원 선출 방식에 대한 개혁 논의가 필요하다.

11. 선관위는 국민의 투표를 관리하는 기관인데, 왜 행정부가 아닌 독립 헌법기관으로 관리하는가?

- 선거의 공정성을 보장하기 위해 선관위를 행정부로부터 독립된 기관으로 두었다.
- 하지만 선관위의 독립성이 강화되면서 오히려 국민이 감시하기 어려운 권력 기관이 되었다는 비판이 있다.
- 선관위가 정치적 중립을 유지하면서도 국민의 감시를 받을 수 있도록 개혁할 필요가 있다는 여론이 비등하다.

그룹 토의

부정선거 백문백답-부정선거 유형별 연습용 질문 / 답은 토론을 통해서 찾아보시기 바랍니다.

1. 전자개표기 조작 가능성

➡ 일반인 질문

1. 전자개표기가 뭔가요?
2. 전자개표기 조작이 가능하다는 말이 사실인가요?
3. 전자개표기는 해킹될 수 있나요?
4. 해외에서도 전자개표기 조작 사례가 있나요?
5. 한국의 전자개표기 시스템은 믿을 수 있나요?
6. 전자개표기를 사용하면 수작업 개표보다 더 빠르고 정확하지 않나요?
7. 전자개표기의 내부 프로그램을 감시할 방법이 있나요?
8. 선거 당일 개표와 비교해 전자개표의 문제점은 무엇인가요?
9. 선관위가 전자개표기 보안을 강화하고 있다는데 믿을 수 있나요?
10. 전자개표기 조작을 막기 위한 방법은 없나요?

➡ 지식인 질문

1. 전자개표기의 프로그램 코드를 검증할 수 있는 기관은 어디인가요?

2. 해킹된 전자개표기의 결과를 확인하는 방법이 있나요?

3. 선거 결과 조작이 의심될 경우 법적으로 어떤 조치를 취할 수 있나요?

4. 전자개표기 문제를 감시하는 국제적 기구가 있나요?

5. 사전투표와 전자개표가 함께 사용될 경우 부정선거의 위험성이 커지나요?

6. 블록체인 기술을 도입하면 전자개표의 보안을 높일 수 있나요?

7. 전자개표기 제조사는 누구이며, 중립성이 보장되나요?

8. 한국에서 전자개표기 관련 논란이 있었던 사례는 어떤 것이 있나요?

9. 전자개표기 사용을 중단하고 100% 수개표로 가는 것이 현실적인가요?

10. 선거 과정의 투명성을 높이기 위해 어떤 제도를 도입할 수 있나요?

➡ 전문가 질문

1. 전자개표기의 소프트웨어는 오픈소스로 공개될 수 있나요?

2. 선거 해킹을 방지하기 위해 어떤 보안 프로토콜이 필요한가요?

3. 전자개표기와 수개표를 병행할 경우 데이터 무결성을 어떻게 보장할 수 있나요?

4. 전자개표기 보안 테스트는 어떤 기관에서 진행하고 있나요?

5. 전자개표기의 해킹 가능성을 검증한 연구 사례가 있나요?

6. 투표용지와 전자개표기 데이터가 불일치할 경우 어떤 절차를 따라야 하나요?

7. AI 기반 감시 시스템을 도입하면 전자개표기 조작을 막을 수 있나요?

8. 해외에서는 전자개표기 보안 강화를 위해 어떤 기술을 도입하고 있나요?

9. 전자개표기의 신뢰성을 높이기 위해 블록체인 기술을 적용할 가능성이 있나요?

10. 전자개표기 조작을 막기 위해 전문가들이 제안하는 최선의 해결책은 무엇인가요?

2. 사전투표 조작 및 부실 관리

➡ **일반인 질문**

1. 사전투표는 왜 생긴 건가요?

2. 사전투표는 일반 투표와 뭐가 다른가요?

3. 사전투표가 조작될 가능성이 있나요?

4. 사전투표 관리가 허술하면 어떤 문제가 생기나요?

5. 사전투표 조작을 방지하는 장치가 있나요?

6. 투표소에서 본인 확인이 확실하게 이루어지나요?

7. 사전투표에서 특정 후보가 유리해질 가능성이 있나요?

8. 사전투표 조작이 의심될 경우 어떻게 확인하나요?

9. 해외에서도 사전투표 조작 문제가 발생한 사례가 있나요?

10. 사전투표 조작을 막으려면 어떻게 해야 하나요?

2. 사전투표 용지 위조를 방지하기 위한 기술이 있나요?

3. 사전투표에서 블록체인을 활용하면 어떤 장점이 있을까요?

4. 사전투표 관리 부실이 선거부정으로 이어질 가능성은 어느 정도인가요?

5. 사전투표 개표 시 실시간 검증 시스템을 도입할 수 있을까요?

6. 사전투표 조작을 감지하기 위한 통계적 분석 방법은 무엇이 있나요?

7. 사전투표 조작 의혹이 제기될 경우 법적으로 어떤 절차를 따라야 하나요?

8. 특정 지역에서 사전투표가 과도하게 많으면 어떻게 해석해야 하나요?

9. 사전투표 데이터를 암호화하면 보안성이 향상될까요?

10. 사전투표 조작을 방지하기 위한 최적의 정책적 대안은 무엇인가요?

3. 유령 유권자 등록 및 대리 투표

(1) 일반인이 가질 수 있는 질문

1. 유령 유권자가 무엇인가요?

2. 유령 유권자는 어떻게 등록되나요?

3. 대리 투표는 어떻게 이루어지나요?

4. 유령 유권자 등록이 실제로 가능할까요?

5. 이런 부정을 막을 수 있는 방법은 없나요?

6. 선거관리위원회는 이런 문제를 어떻게 방지하나요?

7. 유령 유권자가 많으면 선거 결과에 영향을 미칠까요?

8. 대리 투표를 하면 걸릴 가능성이 높은가요?

9. 우리나라에서 이런 사례가 있었나요?

10. 시민들이 부정선거를 감시하는 방법이 있나요?

(2) 지식인이 가질 수 있는 질문

1. 유령 유권자 등록을 방지하기 위한 국제적 기준은 무엇인가요?

2. 생체 인증을 통해 대리 투표를 차단할 수 있나요?

3. 특정 정당이 유령 유권자를 조직적으로 관리할 가능성이 있나요?

4. 부정선거 감시 시스템이 제대로 작동하는 국가 사례는?

5. 부정선거가 민주주의에 미치는 장기적 영향은?

6. 한국의 유권자 등록 시스템은 안전한가요?

7. 대리 투표가 가능한 선거구의 특징은?

8. 기술적 방법(예 : 블록체인)으로 부정선거를 막을 수 있나요?

9. 유령 유권자 등록과 대리 투표가 적발될 경우 처벌 수위는?

10. 선거무효 소송이 가능한 경우는?

(3) 전문가가 가질 수 있는 질문

1. 유령 유권자 식별을 위한 최적의 데이터 분석 방법은?

2. 대리 투표를 탐지하는 AI 기술이 존재하나요?

3. 유권자 데이터베이스의 보안 취약점은 무엇인가요?

4. 부정선거를 방지하는 선진국의 법적·기술적 대책은?

5. 유령 유권자와 실제 유권자를 구분하는 방법은?

6. 신분증 대조가 충분하지 않은 경우, 대리 투표 방지는 어떻게 하나요?

7. 부정선거를 실시간으로 감시하는 기술적 방법은?

8. 유권자 등록 시스템과 선거인의 실제 투표 여부를 연결하는 시스템이 필요한가요?

9. 부정선거를 근절할 수 있는 정책적 해결책은?

10. 대리 투표가 발생했을 때 선거무효로 이어질 기준은?

4. 선거인 명부 조작 및 관리 부실

(1) 일반인이 가질 수 있는 질문

1. 선거인 명부는 어떻게 작성되나요?

2. 명부가 조작될 가능성이 있나요?

3. 사망한 사람이 선거인 명부에 남아있을 수도 있나요?

4. 선거인 명부에 오류가 있으면 선거가 취소될 수 있나요?

5. 시민이 명부 조작을 확인할 방법이 있나요?

6. 선거인 명부는 공개되나요?

7. 명부 관리 부실이 왜 선거 조작으로 이어질 수 있나요?

8. 명부 조작이 적발된 사례가 있나요?

9. 명부 관리 강화를 위한 대책이 있나요?

10. 명부 조작이 선거 결과에 미치는 영향은 어느 정도인가요?

(2) 지식인이 가질 수 있는 질문

1. 선거인 명부 조작을 방지하기 위한 법적 장치는 무엇인가요?
2. 전자 선거인 명부 시스템이 조작 가능성이 낮은가요?
3. 선거인 명부 관리가 부실한 나라의 사례는?
4. 선거인 명부 조작이 적발되면 처벌은 어떻게 이루어지나요?
5. AI와 빅데이터를 활용한 명부 검증 시스템이 필요한가요?
6. 명부 검증 과정에서 가장 취약한 부분은?
7. 선거인 명부 조작을 시민이 감시할 수 있는가요?
8. 부정 명부가 발견되면 즉각 조치가 가능한가요?
9. 투표율과 명부 등록 인구 수가 불일치하는 경우, 어떻게 해석해야 하나요?
10. 선거인명부 조작이 발생하면 선거무효 가능성이 있나요?

(3) 전문가가 가질 수 있는 질문

1. 선거인명부의 조작을 탐지하는 알고리즘 개발이 가능한가요?
2. 전자 투표 시스템과 선거인명부 시스템 간 연계가 필요한가요?
3. 선거인 명부 조작이 일어났을 때 즉각 대응하는 기술적 방법은?
4. 명부 조작을 막기 위해 블록체인을 활용할 수 있을까요?
5. 선거인 명부 관리 부실로 인한 부정선거 사례 연구가 있나요?

6. 생체 인식 기술이 선거인 명부 보완에 효과적인가요?

7. 선거인 명부를 조작하는 주요 방법과 이를 방지할 기술은?

8. 명부 오류를 자동으로 감지하는 시스템이 가능한가요?

9. 명부 조작이 사회적 신뢰에 미치는 영향은?

10. 명부 오류가 일정 비율을 넘으면 선거를 무효화해야 하나요?

5. 부정 투표지 논란

(1) 일반인들이 처음 접하는 부정 투표지 관련 질문 10가지

1. 부정 투표지가 무엇인가요?

   o 부정 투표지는 정상적인 절차를 따르지 않고 조작되거나, 부적절하게 처리된 투표지를 말합니다.

2. 부정 투표지가 선거 결과에 영향을 미칠 수 있나요?

   o 네, 대량으로 발생하면 특정 후보에게 유리하거나 불리한 결과를 초래할 수 있습니다.

3. 투표지가 조작되었다는 것을 어떻게 알 수 있나요?

   o 특정 후보에게만 몰표가 나오는 경우, 기표가 동일한 투표지가 발견되는 경우, 특정한 접힘이나 표식이 있는 경우 등이 있습니다.

4. 부정 투표지는 어떻게 만들어지나요?

   o 사전투표 조작, 기표소에서 특정 후보를 유도하는 행위, 개표 과정에서의 조작 등 다양한 방식이 있습니다.

5. 사전투표와 본투표의 투표지가 다르게 보일 수 있나요?

o 원칙적으로 같아야 하지만, 차이가 발견된 사례가 있어 논란이 되었습니다.

6. 부정 투표지가 많이 발견된 사례가 있나요?

o 특정 선거에서 비정상적으로 많은 무효표가 발생하거나, 동일한 패턴의 투표지가 나온 사례가 있습니다.

7. 투표용지의 QR코드나 바코드가 조작될 가능성이 있나요?

o 이론적으로 가능하며, 이를 악용하면 특정 후보에게 유리하게 조작할 수 있습니다.

8. 개표장에서 부정 투표지를 걸러낼 방법이 있나요?

o 개표사무원이 철저히 심사하고, 확인해야 합니다.

9. 부정 투표지가 발견되면 어떻게 처리되나요?

o 선거법에 따라 무효표로 처리되지만, 발견되지 않으면 그대로 개표됩니다.

10. 일반인이 부정 투표지를 발견하면 신고할 수 있나요?

o 선관위나 경찰에 신고할 수 있으며, 선거법에 따라 조사가 이루어질 수 있습니다.

(2) 지식인들이 묻는 부정 투표지 관련 질문 10가지

1. 부정 투표지는 주로 어떤 방식으로 조작되나요?

o 사전투표 조작, 특정 후보에게 기표된 투표지 추가 삽입, 개표 시 유효표 조작 등 다양한 방식이 존재합니다.

2. 투표용지의 관리 체계에서 가장 취약한 부분은 어디인가요?

o 투표지 인쇄, 보관, 운송 과정이 취약하며, 감시가 부족

할 경우 조작될 가능성이 큽니다.

3. 투표지의 필적 감정은 유효한 방법인가요?

o 다수의 투표지가 동일한 필적으로 작성되었는지 분석하면
조작 여부를 판단할 수 있습니다.

4. 사전투표지와 본투표지의 인쇄 상태가 다를 경우 문제가 되나요?

o 네, 이는 선관위의 일관된 관리가 이루어지지 않았다는
증거가 될 수 있습니다.

5. 투표지분류기의 신뢰성은 검증되었나요?

o 논란이 많으며, 일부에서는 해킹으로 특정 후보에게
유리하도록 작동할 가능성이 제기되었습니다.

6. 부정 투표지를 막기 위한 제도적 보완책은 무엇이 있나요?

o 투표지에 보안 코드를 추가하고, 감시 카메라를 설치하며,
개표 과정을 실시간 중계해야 합니다.

7. 투표지에 특수한 접힘이나 표식이 있으면 문제가 되나요?

o 네, 특정 패턴이 반복되면 조작 가능성을 의심해야 합니다.

8. 전자 개표 방식이 부정선거를 막는 데 도움이 되나요?

o 반대로 조작 가능성을 높일 수 있어 철저한 수작업 개표
가 필요합니다.

9. 부정 투표지가 선거 결과를 뒤집은 사례가 있나요?

o 일부 국가에서 논란이 된 적이 있으며, 조사 결과 조작이
확인된 경우도 있습니다.

10. 부정 투표지 논란을 해결할 수 있는 최선의 방법은 무엇인가요?

  o 수개표 의무화, 감시 시스템 강화, 투표지 보관 절차 개선 등이 필요합니다.

6. 선거관리위원회의 공정성 문제

(1) 일반인들이 묻는 선거관리위원회 관련 질문 10가지

1. 선거관리위원회(선관위)는 무엇을 하는 기관인가요?

  o 공정한 선거를 관리하는 기관입니다.

2. 중앙선관위의 운영이 불투명하다는 논란이 왜 나오나요?

  o 선거 과정에서 의심스러운 행동을 보이거나, 정보 공개를 꺼리는 경우가 많기 때문입니다.

3. 선관위 직원도 정치적 성향이 영향을 미칠 수 있나요?

  o 일부 직원이 특정 정당을 지지할 가능성이 있으며, 이에 따라 공정성이 의심될 수 있습니다.

4. 선관위는 선거 과정에서 얼마나 개입할 수 있나요?

  o 원칙적으로 중립을 유지해야 하지만, 개표 과정에서 논란이 발생할 경우 영향력을 행사할 수 있습니다.

5. 선관위가 특정 후보에게 유리한 결정을 내릴 수 있나요?

  o 가능성이 있으며, 과거 선거에서도 특정 후보에게 유리한 규정을 적용한 사례가 있습니다.

6. 선관위의 개표 방식은 신뢰할 수 있나요?

o 논란이 있으며, 특히 전자 개표 시스템의 조작 가능성이 제기되었습니다.

7. 선관위의 감시 체계는 얼마나 철저한가요?

o 제한적이며, 실질적인 감시가 부족하다는 지적이 많습니다.

8. 선관위의 독립성이 보장되나요?

o 법적으로 독립적이지만, 실질적으로는 정부와의 유착 의혹이 있습니다.

9. 선관위가 공정성을 유지하려면 어떤 변화가 필요할까요?

o 개표 과정을 투명하게 공개하고, 외부 감시 기구를 도입해야 합니다.

10. 선거의 공정성을 확립하기 위한 대책은 무엇인가요?

o 투표소수개표 의무화, 선관위 개혁, 국제 감시단 초청 등이 필요합니다.

7. 언론과 여론조작을 통한 간접적 개입

1. 일반인들이 처음 부정선거를 접했을 때 가질 수 있는 질문 10가지

Q1. 부정선거란 무엇인가요?

A1. 부정선거는 특정 후보나 정당이 선거에서 부당한 방법을 사용하여 결과를 조작하는 행위를 의미합니다. 이는 직접적인 투표 조작뿐만 아니라 언론 조작, 여론 조작 등 간접적인 방식으로도 이루어질 수 있습니다.

Q2. 언론이 선거 결과에 영향을 미칠 수 있나요?

A2. 네, 언론은 후보에 대한 정보 제공, 여론 형성, 이미지 조작 등을 통해 선거에 큰 영향을 미칠 수 있습니다. 특정 후보를 띄우거나 반대로 악의적으로 공격하여 선거 결과를 왜곡할 수도 있습니다.

Q3. 언론을 통한 선거 조작은 어떻게 이루어지나요?

A3. 대표적인 방법으로는 가짜 뉴스 배포, 여론조사 조작, 특정 후보에 대한 편향 보도, 상대 후보에 대한 허위사실 유포, 불리한 뉴스 은폐 등이 있습니다.

Q4. 선거 직전에 발표되는 여론조사는 신뢰할 수 있나요?

A4. 일부 여론조사는 신뢰할 수 있지만, 조작된 여론조사도 많습니다. 표본 추출 방식과 질문 설계에 따라 결과가 다르게 나올 수 있으며, 특정 세력의 의도에 맞게 왜곡될 수도 있습니다.

Q5. SNS를 통해 퍼지는 선거 관련 정보들은 믿을 수 있나요?

A5. SNS에서는 가짜 뉴스와 조작된 정보가 빠르게 확산될 수 있습니다. 정보의 출처를 반드시 확인하고, 여러 매체를 통해 교차 검증하는 것이 중요합니다.

Q6. 언론이 특정 후보를 비난하는 보도를 계속하면 선거에 어떤 영향을 미치나요?

A6. 유권자들은 반복적으로 들은 정보를 사실로 받아들이는 경

향이 있습니다. 따라서 지속적인 비난 보도는 특정 후보에 대한 부정적인 인식을 심어주고, 결국 선거에서 불리하게 작용할 수 있습니다.

Q7. 여론조작과 언론조작을 구별할 수 있는 방법이 있나요?

A7. 특정 매체가 반복적으로 한쪽만 옹호하거나 반대하는 보도를 하면 조작 가능성을 의심해볼 필요가 있습니다. 또한, 신뢰할 만한 기관에서 제공한 정보인지, 같은 사건을 다루는 다른 매체들은 어떻게 보도하는지 비교하는 것도 도움이 됩니다.

Q8. 해외에서도 언론을 이용한 선거 조작이 발생하나요?

A8. 네, 여러 나라에서 언론과 SNS를 이용한 여론 조작 사례가 있습니다. 대표적으로 러시아, 미국, 중국 등에서 선거 개입 사례가 보고된 바 있습니다.

Q9. 선거 조작을 막을 방법이 있나요?

A9. 유권자들이 다양한 정보를 접하고 비판적으로 사고하는 것이 중요합니다. 또한, 독립적인 선거관리 기구의 감시와 법적 대응이 필요합니다.

Q10. 언론을 통한 부정선거를 발견하면 어떻게 대응해야 하나요?

A10. 허위 보도나 조작된 정보를 발견하면 관련 기관에 신고하고, SNS 등을 통해 진실을 알리는 것이 중요합니다. 또한, 신뢰할 수 있는 언론을 선택하여 올바른 정보를 얻는 것이 중요합니다.

2. 지식인들이 처음 부정선거를 접했을 때 가질 수 있는 질문 10가지

Q11. 여론 조작이 실제 선거 결과에 영향을 미칠 수 있을 정도로 강력한가요?

A11. 네, 여론 조작은 선거에서 중요한 변수입니다. 대중의 인식을 변화시키고, 특정 후보에게 유리하거나 불리한 프레임을 씌울 수 있기 때문입니다.

Q12. 특정 언론사가 반복적으로 특정 후보를 공격하면 법적으로 문제가 되지 않나요?

A12. 언론의 자유가 보장되지만, 허위사실 유포나 명예훼손에 해당하면 법적 처벌을 받을 수 있습니다. 다만, 언론사가 보도라는 빙자를 하며 교묘하게 법망을 피하는 경우가 많습니다.

Q13. 미디어가 선거 조작에 활용되는 대표적인 사례는 무엇인가요?

A13. 2016년 미국 대선 당시 러시아의 SNS 조작, 한국의 2012년 국정원 댓글 사건, 2020년 미국 대선 관련 가짜뉴스 등이 대표적입니다.

Q14. 특정 세력이 여론조작을 위해 언론을 활용하는 방식은 무엇인가요?

A14. 뉴스 편집을 통해 불리한 정보는 축소하거나 삭제하고,

유리한 정보는 강조하는 방식이 흔합니다. 또한, SNS를 활용해 가짜 뉴스나 루머를 퍼뜨리기도 합니다.

Q15. 여론조작의 경제적 이득은 무엇인가요?

A15. 특정 후보나 정당이 당선되면 이권을 챙길 수 있는 기업이나 집단이 언론을 통해 여론을 조작하는 경우가 많습니다. 언론사의 광고 수익과도 직결됩니다.

Q16. 선거 전후로 언론 보도가 급격히 달라지는 이유는 무엇인가요?

A16. 선거 직전에는 후보에 대한 이미지 전쟁이 치열하게 벌어지기 때문입니다. 선거 후에는 정치적 상황에 따라 보도 방향이 달라질 수 있습니다.

Q17. 미디어를 통한 선거 조작이 국민의 정치적 판단 능력에 어떤 영향을 미치나요?

A17. 미디어에 반복적으로 노출된 정보는 국민의 인식에 영향을 주고, 정치적 성향을 왜곡할 수 있습니다.

Q18. 가짜 뉴스와 편향 보도를 구별하는 방법은 무엇인가요?

A18. 신뢰할 수 있는 출처인지 확인하고, 여러 매체의 보도를 비교하며, 팩트체크 사이트를 활용하는 것이 도움이 됩니다.

Q19. 여론조작을 방지하기 위한 제도적 장치는 무엇이 있나요?

A19. 독립적인 언론 감시 기관, 팩트체크 시스템, 선거법 개정

등이 필요합니다.

Q20. 언론 자유와 부정선거 방지 사이에서 균형을 맞추는 것이 가능할까요?

A20. 가능합니다. 언론의 자유를 보장하되, 허위정보 유포에는 강력한 제재를 가하는 것이 균형을 맞추는 방법입니다.

3. 전문가들이 처음 부정선거를 접했을 때 가질 수 있는 질문 10가지

Q21. 여론 조작을 통한 간접적 선거 개입이 직접적인 투표 조작보다 더 위험할 수 있나요?

A21. 네, 직접적인 조작은 감시 시스템으로 어느 정도 차단할 수 있지만, 여론 조작은 보이지 않게 유권자의 판단을 흐려 결과를 바꿀 수 있기 때문에 더 위험합니다.

Q22. 미디어 조작과 빅데이터 분석을 활용한 선거 조작이 결합되면 어떤 영향을 미치나요?

A22. 특정 유권자층을 대상으로 맞춤형 심리전이 가능해지며, 감성적인 이슈를 강조해 투표 성향을 조작할 수 있습니다.

Q23. AI와 알고리즘이 선거 조작에 활용될 가능성이 있나요?

A23. 있습니다. AI를 활용한 가짜 뉴스 생산, 알고리즘 조정을 통한 특정 뉴스 노출 증가 등이 가능합니다.

Q24. 선거 관련 여론조사 조작을 막을 수 있는 방법이 있나요?

A24. 여론조사 기관의 독립성 확보, 조사 과정 투명성 강화, 공정한 샘플링 방식이 필요합니다.

Q25. 미디어가 특정 후보에 유리하도록 작동하는 구조적 원인은 무엇인가요?

A25. 소유주나 정치적 후원자의 영향, 광고주와의 이해관계 등이 주요 원인입니다.

Q26~Q30. (추가 질문 가능)

부정선거는 단순한 투표 조작을 넘어, 미디어와 여론을 조작하는 방식으로도 이루어질 수 있습니다. 이를 막기 위해선 국민의 비판적 사고가 필수적입니다.

5. 정책 제안 및 대응방안

1) 투표 및 개표 시스템 개선

o 수작업 개표 의무화 및 실시간 공개

o 블록체인 기반 전자투표 도입 검토

2) 선거관리위원회의 개혁

o 독립적 감시 기구 도입

o 선거 감시관 제도 확대

3) 법적 대응 및 제도 강화

o 부정선거 가담자에 대한 강력한 처벌

o 선거 관련 정보의 투명한 공개 의무화

4) 시민 감시 및 교육 강화

o 시민 감시단 구성 및 실시간 감시 체계 운영

o 부정선거 방지를 위한 교육 프로그램 마련

5-1. 정책 제안 및 대응 방안 상세 계획

1) 투표 및 개표 시스템 개선

1. 수작업 개표 의무화 및 실시간 공개
   - o 모든 투표소에서 수작업 개표를 의무화하여 전자개표기의 조작 가능성을 원천 차단
   - o 개표 과정 생중계를 통한 실시간 투명성 확보
   - o 개표 현장에 정당, 시민단체, 언론의 참관 의무화
   - o 개표 결과를 블록체인 기반으로 저장하여 사후 검증 가능하도록 조치
2. 블록체인 기반 전자투표 도입 검토
   - o 블록체인 기술을 활용한 위·변조 불가능한 전자투표 시스템 연구
   - o 사전투표 및 부재자투표의 블록체인 도입 우선 추진
   - o 각 정당 및 공공기관과 협력하여 보안 검증 시스템 구축
   - o 해외 주요 국가의 블록체인 투표 사례 분석 후 도입 여부 결정

2) 선거관리위원회의 개혁

1. 독립적 감시 기구 도입
   - o 선거관리위원회와 별도로 독립적인 선거 감시 기구 설립
   - o 정치적 중립성을 보장하기 위해 법조계, 학계, 시민단체

인사로 구성

- o 부정선거 신고 센터 운영 및 신고자 보호 시스템 마련

2. 선거 감시관 제도 확대

- o 기존 선거 감시관 수를 2배 이상 확대하고 선거 당일 모든 투표소에 배치
- o 선거 감시관의 법적 권한 강화(개표 과정 참여, 문제 발생 시 즉시 보고 가능)
- o 외국 선거 감시단 초청하여 국제 기준에 맞는 감시 체계 구축

3) 법적 대응 및 제도 강화

1. 부정선거 가담자에 대한 강력한 처벌

- o 부정선거 관련 범죄자에 대한 법정 최고형 적용 추진
- o 선거 조작, 개표 조작, 매표 행위 등의 범죄를 특정범죄 가중처벌법 적용 대상에 포함
- o 공직선거법 개정을 통해 부정선거 연루자 공직 진출 및 피선거권 박탈

2. 선거 관련 정보의 투명한 공개 의무화

- o 투표소별 투표율, 개표 과정, 최종 개표 결과를 실시간으로 온라인 공개
- o 선거관리위원회의 모든 주요 결정 사항 기록 및 열람 가능 하도록 조치

o 선거 관련 주요 데이터를 블록체인 기반으로 관리하여
공정성 확보

4) 시민 감시 및 교육 강화

1. 시민 감시단 구성 및 실시간 감시 체계 운영
   o 전국적으로 시민 감시단 조직, 정당 및 시민단체와 협력
   하여 운영
   o 투표소와 개표소에 감시 카메라 설치 및 온라인 실시간
   중계
   o 부정선거 신고 앱 개발 및 즉각 신고 가능한 시스템 구축
2. 부정선거 방지를 위한 교육 프로그램 마련
   o 초·중·고등학교 및 대학에서 공정선거 교육 필수 과정
   운영
   o 시민 대상 선거 감시 교육 및 신고 절차 안내 프로그램
   도입
   o 정당 및 시민단체와 협력하여 부정선거 사례 교육 및 캠
   페인 전개

6. 결론

부정선거는 민주주의의 근간을 흔드는 중대한 문제이다. 대한민국의 선거제도가 국민의 신뢰를 받기 위해서는 투명성과 공정성이 보장되어야 하며, 이를 위해 지속적인 연구와 대응이 필요하다. 향후 추가 연구를 통해 구체적인 정책 대안을 마련하고 법적·제도적 개혁을 추진해야 할 것이다.

저자 | 윤정화 / 한국주권자연맹 공정선거지원단 단장

윤정화 편집위원은 서울대학교 사회대학을 졸업한 후, 기자로 활동하며 호주와 뉴질랜드에서 취재 연수를 다녀왔다. 이후 유학 관련 업무에 종사하며 교육 컨설팅 분야에서 경력을 쌓았다. 그 후 헤드헌팅, 인력 파견, 재취업, 창업 컨설팅 등의 분야에서 활약하며, 미국과 영국 기업의 지사장을 역임하였다. 미국에서는 의료관광 홍보 에이전시를 운영하며 한국 의료기관을 위한 홍보 영상을 제작하는 프로듀서로 활동하기도 했다.

현재는 필리핀 선교에 소명을 받아 선교사로 활동하고 있으며, 대한민국의 선거 공정성과 민주주의 수호를 위해 부정선거 문제를 연구하는 '부방대' 및 "윤부연" 윤석열 대통령을 지키기 위한 '부정선거연구모임'에서 홍보팀 간사로 활동하고 있다. 특히, 윤석열 대통령 비상계엄 및 탄핵 사태와 관련하여 선관위의 부정부패와 비리를 폭로하는 활동을 적극적으로 전개하고 있으며, 현재 한국 주권자 연맹의 교육위원장 겸 공정선거 지원단 단장을 맡아 헌법과 공직선거법 강의를 통해 국민주권의식을 함양시키는데 주력하고 있다.

자문 | 한성천 전 중앙선거관리위원회 노조위원장

한성천 전 중앙선거관리위원회 노조위원장은 23년간 대한민국 선거의 투명성과 공정성을 지키기 위해 헌신적으로 투쟁해 온 인물이다. 동아대학교 경제학과를 졸업하고 한양대학교 경영대

학원에서 재무·증권 분야를 전공하였으며, 중앙선거관리위원회에서 근무하며 노조위원장을 역임했다.

2002년 제16대 대통령 선거에서 전자개표기의 조작 가능성을 지적하며 선거부정 의혹을 최초로 제기하였고, 2003년에는 전국공무원노동조합 간부들과 함께 대법원을 점거하여 선거부정 성명을 발표하며 선관위의 책임을 촉구하는 등 대한민국 역사상 유례없는 선거부정 규명 투쟁을 전개했다. 이후에도 지속적으로 선거 관리 시스템의 문제점을 폭로하며, 특히 2020년 제21대 국회의원 선거에서 사전투표 QR코드 사용과 전자개표기 운영의 불투명성을 비판하는 등 선거 개혁을 위한 활동을 이어가고 있다.

현재도 선거부정 방지를 위한 시민단체 활동과 공직선거법 개정 운동에 앞장서며, 대한민국 민주주의의 근본을 지키기 위해 끊임없이 노력하고 있다.

현재 한국 주권자 연맹의 고문을 맡고 있다.

한국주권자연맹

한국주권자연맹은 국민의 주권을 확립하고, 도덕성과 애국심을 회복하며, 전 세대가 하나 되어 자유민주주의와 자유시장경제를 지켜내는 국가적 운동을 전개하기 위하여 설립된 비영리 청년 단체입니다.

주소 : 서울특별시 용산구 새창로 113-2, 지층 C018호 (용문동)
팩스 : 0504-463-7205   대표 : 이지안
고유번호 : 732-80-03431   설립일 : 2025년 3월 11일
후원계좌 : 하나은행 293-910027-48104 한국주권자연맹

본 책자와 관련한 의문 사항은 윤정화 공정선거지원단 단장 (010-2603-0324 (문자로) yoonjenny324@gmail.com) 에게 문의 하시기 바랍니다.

감사합니다.

> "정치를 외면한 대가는 가장 저질스러운 인간들에게
> 지배당한다는 것이다"
>
> One of the penalties for refusing to participate in politics is
> that you end up being governed by your inferiors
>
> – 플라톤

부정선거 백문백답 (정가 : 16,000원)

발행일   2025년 3월 25일
인   쇄   2025년 3월 18일 초판 1쇄

지은이 : 윤 정 화
펴낸이 : 한국주권자연맹
펴낸곳 : 도서출판 영상복음
출판등록 : 815-32-00359
주   소 : 서울특별시 종로구 사직로 6길 16, 1층(신문로2가)

서울시 중구 을지로 18길 12
전   화 : 010-2603-0324
팩   스 : 0504-463-7205
이메일 : yoonjenny324@gmail.com

ISBN : 9-788994-945972